# MAMA SOHN BUCH

**Und was machen wir jetzt?**
**Super Ideen für tolle Mütter**

Uschi Dyballa

compact via

compact via ist ein Imprint der Compact Verlag GmbH



Text: Uschi Dyballa
Chefredaktion: Evelyn Boos
Redaktion: Heike Fröhlich, Tanja Greiner
Produktion: Johannes Buchmann
Abbildungen: siehe Bildnachweis S. 128
Titelabbildungen: fotolia.com/Iva Villi
Gestaltung: ekh Werbeagentur GbR
Umschlaggestaltung: h3a GmbH, München

ISBN 978-3-8174-8576-5
381748576/1

www.compact-via.de

# VORWORT

„Wir haben im Wohnzimmer gezeltet, Piratenmuffins gebacken und eine Schnitzeljagd veranstaltet. Mama ist die Coolste!“

Dieses Buch hält eine Menge origineller Ideen und Vorschläge parat, wie Sie zur Supermama werden können! Ob im Haus, im Garten oder in der freien Natur – überall finden sich Gelegenheiten, um die gemeinsame Zeit fantasievoll und kreativ zu gestalten. Sorgen Sie für leuchtende Augen und Begeisterungsstürme bei Ihrem Sohn!

Alle Vorschläge kommen ohne großen Materialaufwand aus und setzen keine besonderen handwerklichen Fertigkeiten voraus. Falls Ihr Kind für manche Ideen noch zu klein ist, können Sie natürlich jeden Vorschlag abwandeln. Auch der Papa darf mal in dem Buch stöbern und sich Anregungen holen. Ihrer Tochter wird vielleicht ebenfalls die ein oder andere Idee gefallen. Sogar Oma und Opa finden sicherlich das Passende für den Sonntagnachmittag.

Hauptsache, alle Beteiligten haben Spaß, Freude und genießen das harmonische Beisammensein!

# MAMA ALS ...

# MAMA ALS KÜNSTLERIN UND HANDWERKERIN

## Rittermobile aus Tonpapier

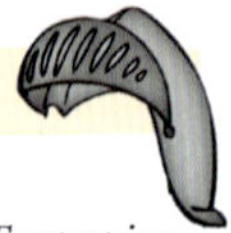

***Das braucht ihr:*** *verschiedene Motivvorlagen, Tonpapier, Schere, Bleistift, Buntstifte, Nähgarn, 2 Schaschlik-Spießchen aus Holz*

Tapfere Ritter in glänzenden Rüstungen aus längst vergangener Zeit finden kleine und große Jungs auch heute noch interessant. Machen Sie Ihrem Sohn die Freude und basteln Sie mit ihm dieses einfache Mobile, damit er auch in seinem Kinderzimmer in Gesellschaft seiner Helden sein kann!

Es gibt viele Motive, die zu diesem Thema passen: stolze Ritter, trutzige Burgtürme, schreckliche Drachen, bunte Fahnen mit Wappen und edle Burgfrauen mit spitzem Hut und wehendem Schleier. Sucht euch vier Lieblingsvorlagen aus Büchern oder dem Internet aus und macht euch eine Kopie davon, die ihr ausschneidet und als Schablone verwendet. Die Konturen der verschiedenen Schablonen übertragt ihr mit einem Bleistift auf das farbige Tonpapier und schneidet sie entlang der Linie vorsichtig aus. Die einzelnen Motive bemalt ihr jetzt so, wie es euch am besten gefällt.

Das Gerüst für das Mobile besteht aus zwei Holz-Schaschlik-Spießchen. Den oberen Querbalken bildet ein Spieß, den ihr in seiner Länge belasst. Das zweite Stäbchen wird halbiert und mit etwas Nähgarn rechts und links am Querbalken befestigt, sodass die zwei Stäbchenhälften etwa zehn Zentimeter darunter pendeln. An deren Enden knotet ihr nun die vier an jeweils einem Faden hängenden Motive und richtet sie so aus, dass sie sich im Gleichgewicht befinden.

Zum Schluss befestigt ihr zum Aufhängen noch ein Stück Garn in der Mitte des oberen Querbalkens.

## Weltraum im Kinderzimmer

**Das braucht ihr:** *dunkel- und hellblaue Wandfarbe, verschiedene Abtönfarben, Pinsel, Leuchtsterne (Bastelladen), Bleistift*

Jeder Junge träumt davon, später einmal Cowboy, Feuerwehrmann oder Fußballstar zu sein. Wäre es nicht toll, wenn man gleich beim Betreten des Kinderzimmers wüsste, was der Bewohner werden will? Vielleicht möchte er z. B. später als Astronaut den Weltraum erforschen und fremde Sterne kennenlernen.

Solltet ihr die Einrichtung während der Renovierung nicht aus dem Zimmer räumen können, stellt sie dicht zusammen und deckt sie zum Schutz vor Farbspritzern mit Folie ab.

Zuerst bekommt die Decke einen dunkelblauen Anstrich, auf den später reflektierende Sterne geklebt werden. Die Wände werden hellblau grundiert und mit dunkelblauer Farbe zur Decke hin schattiert. Vergesst nicht, einige weiße Wölkchen zu malen! Natürlich dürfen auch die Planeten nicht fehlen, die es zu entdecken gibt! Ob es der Saturn mit seinen Ringen oder ein nur euch bekannter Stern sein soll – die Technik ist stets die gleiche. Zuerst die Konturen anzeichnen, dann den Inhalt mit Farbe und Fantasie füllen. Andere Motive gibt es reichlich, z. B. Kometen, Monde oder eben Astronauten.

Steht eine freie Wandfläche zur Verfügung, bietet sich diese als Startplatz oder Flugbahn für die Rakete an. Skizziert die Konturen eures Raumschiffes mit Bleistift an die Wand und malt diese mit weißer Farbe aus. Schrift und Akzente setzt ihr anschließend mit anderen Farbtönen eurer Wahl.

Jetzt kann die abenteuerliche Reise ins All beginnen!

## Der magische Luftballon

**Das braucht ihr:** *aufgeblasenen Luftballon, kleines Stück Klebefilm, Nadel, einen tollen Zauberspruch und eine Prise Magie …*

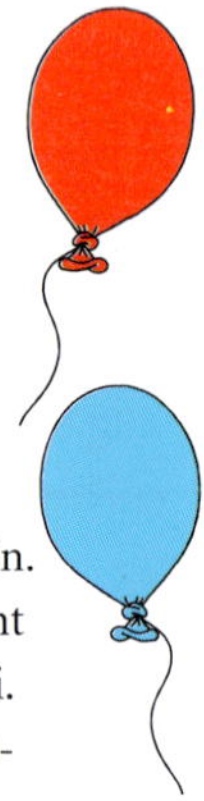

Abrakadabra! Wer ein guter Zauberer werden will, muss ganz viel üben! Wenn in der Vorstellung alles klappt, wird euer Publikum staunen und zur Belohnung viel Applaus spenden. Die Vorbereitung lohnt sich also.

Ladet eure Freunde und Familie zu einem Zaubernachmittag ein. Stellt für die Zuschauer ein paar Stühle nebeneinander und räumt in einem kleinen Abstand dazu eine Fläche als Zauberbühne frei. Bevor ihr mit der Vorführung eures Tricks beginnt, klebt ihr heimlich ein kleines Stück Klebefilm auf den aufgeblasenen und verknoteten Luftballon, ohne dass die Zuschauer das sehen können.

Natürlich trägt der echte Zauberer ein Zaubererkostüm, das aus einer Jeans oder dunklen Hose und einem schwarzen T-Shirt bestehen kann. Aus einem alten Bettlaken lässt sich schnell ein mit magischen Zeichen bemalter Umhang basteln. Gibt es vom letzten Faschingsfest noch einen Zylinder? Wunderbar, her damit!

So perfekt ausgestattet, betretet ihr die Bühne und verbeugt euch. Mit großen Worten, die ihr euch vorher überlegen solltet, kündigt ihr an, dass ihr mit einer spitzen Nadel in den Ballon stechen werdet, ohne dass dieser zerplatzt!

Sprecht einen Zauberspruch und stecht mit der Nadel genau durch das Stückchen Klebefilm, der das Platzen des Ballons verhindern soll.

Zieht die Nadel wieder heraus und verbeugt euch vor dem tosenden Applaus!

***Das braucht ihr:** 3 Münzen, 10 Filzstifte*

Magie und Geheimnisse sind bei Zaubertricks immer dabei. Obwohl die Zuschauer den Trick mit eigenen Augen sehen, wundern sie sich, wie das nur funktionieren kann. Auf der vorherigen Seite gab es eine kleine Einführung in die Welt der Illusionen. Um eure Zaubervorstellung noch magischer zu machen, findet ihr hier weitere Anregungen. Schwingt schon mal den Zauberstab …

## Münzenzaubertrick

Legt drei Münzen auf den Tisch. Der Zauberer bittet einen Zuschauer, eine davon eine Minute lang fest in die Hand zu nehmen und an sie zu denken, ohne dass der Meister es sieht. Wenn die Münze wieder auf dem Tisch liegt, kann der Zauberer sagen, welche der drei es war.

**Lösung:** Da die Münze für eine Minute in der Hand lag, ist sie wärmer als die anderen beiden.

## Filzstiftzaubertrick

Der Zauberer nimmt zehn verschiedenfarbige Filzstifte in die Hand. Dann werden ihm die Augen verbunden. Er bittet mit verschlossenen Augen einen Zuschauer, ihm alle Stifte bis auf einen abzunehmen. Der Magier denkt konzentriert an den verbliebenen Stift, während er beide Hände hinter seinem Rücken versteckt. Dann bekommt er die anderen neun Filzer wieder zurück. Jetzt kommt der entscheidende Moment: Dem Zauberer wird die Augenbinde abgenommen und er verkündet daraufhin laut, welchen Filzstift er als einzigen in seiner Hand hatte.

**Lösung:** Während die Hände hinter dem Rücken sind, malt er mit dem Stift einen kleinen Punkt auf einen Finger.

Hat euch das Spaß gemacht? Dann zaubert doch einfach weiter! In Büchereien könnt ihr Bücher über Zaubertricks ausleihen, und vielleicht gibt es an eurer Schule sogar eine Zauber-AG, bei der ihr mitmachen könnt.

SIMSALABIM!

## RITTERBURG AUS KARTON

**Das braucht ihr:** *Bananenkarton aus dem Supermarkt, Zeichenkarton, verschiedene Schachteln, Rollen und Kartons aus Pappe, Eierkarton, ein Stückchen Alufolie, graue, schwarze und rote Farbe, Pinsel, Kleber, 2 Fäden, Sägemesser, Schere, Zahnstocher*

Mit einer Ritterburg lässt es sich herrlich spielen. Es gibt Belagerungen und Eroberungen, Pferde tragen Ritter mit schimmernden Rüstungen über die Zugbrücke, und oben im hohen Turmzimmer wartet ein armes eingesperrtes Burgfräulein auf seine Befreiung.

Ein ausgedienter Bananenkarton bildet die stabile Basis der Festung. Schneidet ein Stück Zeichenkarton so aus, dass er den Boden komplett bedeckt, wenn ihr ihn in die Bananenkiste legt. Den Karton gut festkleben. Am oberen Rand der Kiste sollen die Burgzinnen entstehen. Zeichnet sie in gleichmäßigem Abstand auf und schneidet sie anschließend aus. Aus einer Schmalseite des Kartons schneidet ihr vom Boden anfangend mit einem Sägemesser eine halbrunde Öffnung für die Zugbrücke heraus. Ein Stück Pappe wird vor diese Öffnung von unten auf dem Kartonboden festgeklebt. Das ist die Zugbrücke, die so groß sein muss, dass sie bis über die Öffnung ragt. Zwei gleich lange Fäden, die ihr rechts und links an der Zugbrücke befestigt, werden durch zwei entsprechende Mauerlöcher der Burg gefädelt. Damit könnt ihr jetzt die Brücke hochziehen und herunterlassen.

Noch sieht eure Burg reichlich nackt aus, aber das ändert sich jetzt: Aus Klopapier- und Küchenrollen lassen sich prima Türme basteln, die Burgfriede genannt werden. Sie stehen besonders stabil, wenn ihr sie in die Ecken der Burg klebt. Aus einer Ecke eines Eierkartons entsteht das Dach für einen Turm, denn ihr wollt bestimmt nicht, dass es hineinregnet!

Aus den anderen Kartons und Schachteln baut ihr die einzelnen Gebäude innerhalb des Burghofes. In diesen Häuschen wohnt der Ritter mit seiner Familie und seinem Gesinde, den Angestellten. Natürlich müssen auch die Pferde und die anderen Tiere einen ordentlichen Stall bekommen. Dazu

könnt ihr die Schachteln der Länge nach halbieren und dann an einer Außenwand ankleben. Fenster- und Türöffnungen nicht vergessen!
Der tiefe Brunnen, der sich gut aus einer halbierten Klopapierrolle bauen lässt, bekommt von unten ein Stückchen Alufolie aufgeklebt, die das glitzernde Wasser darstellen soll. Jetzt kann er seinen Platz im Burghof einnehmen!

Sind alle gewünschten Gebäude an Ort und Stelle befestigt, streicht ihr die komplette Burganlage innen und außen mit grauer Farbe an. Mit einem dünnen Pinsel könnt ihr anschließend mit schwarzer Farbe das Mauerwerk aufzeichnen und besondere Akzente setzen. Die Dächer und Burgzinnen bekommen einen roten Anstrich, ebenso die Zugbrücke.

Malt auf weiße Pappstreifen euer Fantasiewappen. Zahnstocher werden zu Fahnenmasten, an denen ihr eure Flaggen befestigt, die dann stolz auf den Türmen wehen.

## Papierflieger

***Das braucht ihr:*** *Blatt Papier in der Größe DIN A4 (normales Druckerpapier)*

Anleitungen für Papierflieger gibt es wie Sand am Meer! Oft sind sie so kompliziert, dass einem schon beim Lesen der Beschreibung die Lust vergeht. Mit diesem einfachen, aber flugerprobten Modell kommen auch Anfänger zurecht, und bald wird das Kinderzimmer zum neuen Königreich der Lüfte!

Legt das Blatt Papier hochkant vor euch hin und faltet die beiden langen Seiten genau aufeinander, das Blatt wird dadurch halbiert. Den Knick mit einem Fingernagel entlangfahren, damit eine scharfe Kante entsteht. Denkt daran: Je genauer ihr arbeitet, desto besser fliegt euer Jet!

Faltet das Papier wieder ganz auf, sodass die Innenkante des Knicks zu euch zeigt. Nehmt die rechte obere Ecke des Blattes und faltet sie sauber zur Mittellinie hin, ebenso die linke obere Ecke. Das Blatt Papier hat jetzt ein Dreieck am oberen Rand. Streicht auch diese Kanten mit dem Fingernagel kräftig nach.

Die beiden seitlichen Ecken des Dreiecks werden ebenfalls an die Mittellinie gefaltet. Die Knicklinie wieder nachziehen!

Legt beide Tragflächen entlang der Mittellinie aufeinander. Ein Flügel wird nun so weit nach unten zum Kiel des Flugzeugs geknickt, dass er zwei Zentimeter darüber hinwegschaut. Dreht den Flieger auf die andere Seite und fertigt den zweiten Flügel genauso an. Jetzt biegt nacheinander auf beiden Flügeln das kleine überhängende Stück des Flügels nach oben. Diese kleinen Stege sollen den Flieger stabil in der Luft halten.

Ihr habt es geschafft, euer Flieger ist fertig zum Abflug! Richtet die beiden Flügel seitlich aus und lasst euren Düsenjäger durch das Zimmer flitzen!

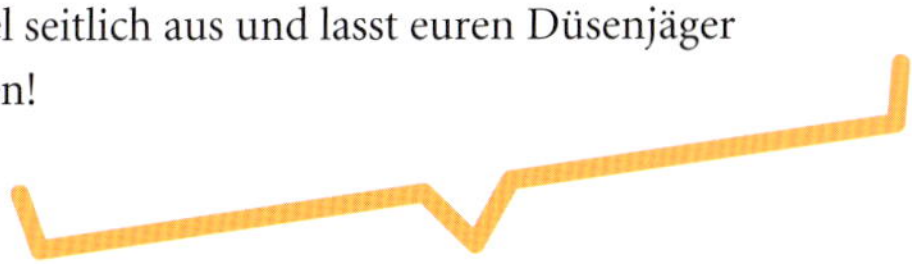

## Windspiel basteln

***Das braucht ihr:** rundes Stück dünnes Sperrholz (ca. 25 cm), blaue und grüne Wasserfarbe, Pinsel, wasserfesten Lack, einen dünnen Holzbohrer, Schere, feste Schnur, eventuell 3 Klangstäbe, eure Schätze vom letzten Urlaub am Meer: Muscheln, Steine, Federn, Stücke von Seil oder Tau, Hölzchen, Glasperlen usw.*

Wie schön war doch der letzte Urlaub am Strand! Sonne, Sand, der salzige Geruch des Meeres. Ist es nicht spannend zu entdecken, was die Wellen alles anspülen? Die unterschiedlichsten Muscheln, Steine – jeder einzigartig in Form und Farbe, mal glatt poliert von Sand und Brandung, mal rau und eckig – und Vogelfedern, wunderschön gezeichnet. Welche Geschichte könnte das alte Tau erzählen? Bestimmt habt ihr einiges zur Erinnerung mit nach Hause gebracht. Wollt ihr daraus nicht ein Windspiel basteln?

Auf den Rand der Sperrholzplatte zeichnet ihr sechs Punkte in gleichmäßigen Abständen. Bohrt dort Löcher, die etwas größer sind, als eure Schnur dick ist. Mit der Wasserfarbe bekommt die Platte von beiden Seiten ihre Meeresfarbe. Soll das Windspiel draußen aufgehängt werden, müsst ihr die Platte noch mit farblosem Lack wasserfest streichen. Von der Schnur sechs je einen Meter lange Stücke abschneiden. Verteilt eure Schätze auf sechs Portionen und ergänzt die Fundstücke vielleicht noch mit knorrigen Ästchen, Perlen oder farbigen, stumpfen Glas- oder Tonscherben.

Jetzt klebt oder knotet ihr alles an den Schnüren fest, sodass sechs unterschiedliche Ketten entstehen. Fangt dabei am unteren Ende der Schnur an und lasst oben ca. 40 Zentimeter frei. Jede Schnur wird durch ein Bohrloch gefädelt. Fasst die losen Enden oben zusammen und verknotet sie so miteinander, dass eure dekorierten Ketten unter der Holzplatte gleich lang sind. Überschüssige Schnur wird oberhalb des Knotens abgeschnitten.

Möchtet ihr euer Windspiel noch mit einem melodischen Klang versehen? Dann besorgt im Bastelmarkt drei Klangstäbe. Das sind hohle Metallröhrchen, die je

nach Länge und Stärke unterschiedlich hohe oder tiefe Töne erzeugen. Um die Klangstäbe zu befestigen, bohrt ihr in der Mitte der Platte drei weitere Löcher, die ein wenig Abstand zueinander haben sollten. Die Stäbe an Schnüren befestigen, diese durch die Löcher führen und genau wie die anderen Bänder befestigen. Damit der Wind besser damit spielen kann, achtet ihr darauf, dass die Stäbe nicht zu dicht unter der Platte hängen. Sie sollten frei schwingen und sich berühren können.

Wer findet im Garten oder auf dem Balkon den besten Platz, um das Windspiel aufzuhängen? Schraubt oben in die Mitte der Platte einen kleinen Haken. Daran könnt ihr euer Windspiel mit einer hübschen Schnur oder Kette aufhängen. Bläst der Wind hinein, ertönt ein leiser Klang und lädt zum Träumen ein: von Meer, Strand und Ferien ...

## Gruselkostüm

***Das braucht ihr für das Kostüm:*** *altes weißes Bettlaken, Schere, Strick, schwarze und graue Wasserfarbe, Pinsel, evtl. Holzkohle und Matsch*
***Das braucht ihr zum Schminken:*** *Make-up-Schwamm, Dose weiße Schminke, grauen Kajalstift, bunte Haushaltsgummis, weiße oder farbige Haarfarbe zum Aufsprühen*

Huhuuu! Schauriges Geheul und schreckliche Gesänge tönen durch die dunkle Nacht! Ketten klirren, Gespenster huschen über die Straßen und klingeln an fremden Haustüren. Monster und Zombies lauern hinter jeder Ecke! Es ist Halloween und viele furchtbare Gestalten sind unterwegs auf der Jagd nach Süßigkeiten. Wenn ihr dabei sein wollt, dann ist hier das ultimative Kostüm für euch. Es geht ruckzuck, ist einfach in der Herstellung und gruselig in seiner Wirkung! Ihr braucht keine teuren oder edlen Materialien, denn Gespenster tragen schließlich keine Designer-Klamotten. Ein weiterer Vorteil dieses Kostüms ist, dass ihr euch darunter schön warm anziehen könnt, ohne dass man es sieht.

Schon der erste Schritt dieser Anleitung wird euch gefallen: Macht mit Matsch, schwarzer und grauer Wasserfarbe oder Holzkohle ein altes weißes Bettlaken richtig schön dreckig. Nach dem Trocknen faltet ihr das Laken einmal quer, sodass die beiden schmalen Seiten übereinanderliegen. Mit der Schere in die Mitte der entstandenen Falte ein Loch für den Kopf herausschneiden, schon könnt ihr das Kostüm einmal überziehen! Rechts und links unter die Achseln wird auf der Vorder- und der Rückseite des Lakens je ein kleines Loch geschnitten. Dadurch zieht ihr einen alten Strick oder ein Seil als Gürtel und verknotet ihn vor dem Bauch.

Bei der Frisur sollen nicht nur dem Betrachter, sondern auch dem Gespenst selbst die Haare zu Berge stehen! Mit einem Kamm trennt ihr eine kleine Strähne von euren Haaren ab und befestigt einen farbigen Haargummi möglichst dicht am Kopf. Das wiederholt ihr so lange, bis alle Haare in vielen Büscheln wild abstehen. Eure Frisur sieht echt gruselig aus, wenn ihr die Strähnen noch mit Faschingsfarbe ansprüht. Natürlich könnt ihr dazu weiße Farbe wählen, aber auch Neongrün oder Knallblau haben ihren Reiz! Cool wirkt es auch, wenn ihr die Haare erst weiß grundiert und anschließend Akzente in eurer Lieblingsfarbe setzt.

Jetzt kommt die Schminke an die Reihe! Mit einem Make-up-Schwämmchen werden das Gesicht, der Mund und die Ohren weiß grundiert. Dazu nehmt ihr die weiße Schminkfarbe, die es in der Faschingszeit zu kaufen gibt. Sie reizt eure Haut nicht so sehr und lässt sich auch leicht wieder entfernen. Mit dem grauen Kajalstift zeichnet ihr die seitlichen Falten zwischen Nase und Mund nach und verwischt die Linie, sodass sie ein wenig sanfter wirkt. Auch auf und unter die Augenlider kommt reichlich graue Farbe, ebenso auf die Lippen. Das gibt eine ganz tolle ungesunde Gesichtsfarbe!

Sollte sich noch irgendwo eine alte Kette zum Rasseln finden, kann das Gespenst glücklich um die Häuser ziehen!
Viel Spaß!

## Alle Neune kegeln

**Das braucht ihr:** *9 Wasserflaschen mit Schraubverschluss aus Plastik, Fotokarton, Tonpapier, Schere, Buntstifte, Kleber, Sand oder Wasser zum Füllen, Ball*

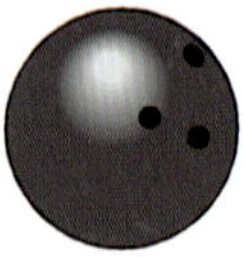

Ferien oder Wochenende, Sonne und Freizeit – es ist einfach herrlich, draußen an der frischen Luft zu sein. Was macht Kindern und Eltern da mehr Spaß, als unbeschwert miteinander zu spielen? Kegeln kann jeder, dazu ist niemand zu klein oder zu groß. Zudem ist euer lustiges Kegelspiel ein Einzelstück, für das eure Freunde euch bestimmt bewundern werden!

Ihr braucht neun leere Wasser- oder Saftflaschen aus Plastik, die eine möglichst glatte Oberfläche und einen Schraubverschluss haben. Weicht die Flaschen in warmem Wasser ein und entfernt alle Etiketten und Klebereste. Jetzt habt ihr die Qual der Wahl: Welches Motto sollen eure Kegel bekommen? Möchtet ihr z.B. ein Spiel mit Zwergen basteln oder ein Gespensterspiel?

Wenn ihr euch entschieden habt, fertigt mithilfe des Fotokartons eine Schablone von eurem Motiv in der Größe der Flasche an. Ihr zeichnet z.B. einen Gartenzwerg oder ein Gespenst oder eben eure eigene Idee. Diese Vorlage schneidet ihr neunmal aus. Mit den Buntstiften malt ihr jede Figur unterschiedlich an und klebt farbige Akzente wie Mützen, Bart oder Haare aus Tonpapier auf. Die Figuren befestigt ihr anschließend an den Flaschen.

Damit die Flaschen nicht schon umfallen, wenn ihr niest oder lacht, füllt sie mit Sand oder Wasser. Nun braucht ihr nur noch eine ebene Fläche, wo ihr die Kegel aufstellt. Schnappt euch den Ball und kullert ihn aus einer festgelegten Entfernung dagegen. Wer wird Sieger und trifft die meisten Kegel?

## Kopftuch für echte Piraten

***Das braucht ihr:*** *roten Baumwollstoff 50 cm x 50 cm, 2 große Kartoffeln, spitzes Messer, Bleistift, Küchenkrepp, Pinsel, Stoffmalfarbe in Weiß und Schwarz*

Woran erkennt man einen echten Piraten? An der Augenklappe, dem Ohrring und ...? Richtig, dem Piratenkopftuch! Mit der traditionellen Kartoffeldrucktechnik könnt ihr schnell und mit einfachen Mitteln ein ganz tolles und einzigartiges Kopftuch herstellen.

Das Motiv fertigt ihr in drei Schritten an. Halbiert zuerst die Kartoffel und malt mit einem Bleistift die äußere Kontur eines Totenkopfes auf die Schnittfläche. Schneidet mit dem Messer vorsichtig alles um die Kontur herum weg, sodass der Schädel als erhabene Form deutlich zu erkennen ist. Tupft die Kartoffel mit dem Krepp trocken und tragt mit dem Pinsel weiße Farbe auf. Am besten macht ihr erst einen Probedruck auf farbigem Papier. Seid ihr mit dem Ergebnis noch nicht zufrieden, dann arbeitet die Form nach, bis sie eurer Vorstellung entspricht. Und nun kann es losgehen! Bestreicht die Kartoffel mit Farbe und druckt das erste Motiv ein paarmal auf das gesamte Kopftuch. Zwischendurch immer wieder neue Farbe auftragen.

Für den zweiten Schritt malt ihr auf die nächste Kartoffelhälfte die beiden Augenhöhlen und die Nase und auf die dritte Kartoffelhälfte den grinsenden Mund. Achtet dabei darauf, dass deren Größe gut zum Kopf passt. Entfernt die überschüssige Kartoffelfläche und druckt die zwei Stempel mit schwarzer Farbe auf das getrocknete weiße Gesicht.

Manche Farben müssen nach dem Trocknen noch gebügelt werden, damit sie auch nach dem Waschen noch kräftig sind.

## Löffellöwen und Co.

***Das braucht ihr:** verschiedene Kochlöffel aus Holz, Perlen oder Knöpfe, Filz und Wolle, Farbe*

Sucht euch einige Tiere aus, die ihr alle vom Zoobesuch kennt und die leicht an typischen Merkmalen zu erkennen sind. So hat der Löwe eine wilde Mähne, das Zebra ist schwarz-weiß gestreift und der Elefant hat natürlich große Ohren und einen langen Rüssel.

Legt den Löffel so vor euch hin, dass der Stiel zu euch zeigt. Für einen Löwen malt ihr den Löffelkopf gelb an. Nach dem Trocknen werden Nase und Maul mit einem schwarzen Filzstift gezeichnet und kleine schwarze Perlen oder Knöpfe als Augen aufgeklebt. Aus schwarzer und brauner Wolle verschieden lange Stücke als Haare rund um das Gesicht kleben, bis eine dichte Mähne entstanden ist. Aus braunem Filz schneidet ihr einen Kreis mit ca. 20 Zentimetern Durchmesser aus und schneidet in die Mitte ein kleines Loch in der Stärke des Löffelstiels. Diesen Filzkreis unterhalb des Kopfes befestigen. Einzelne Wollfäden klebt ihr dem Löwen als Fell an. Eine kleine gedrehte Kordel wird der Schwanz.

Auf diese Art lassen sich auch alle anderen Tiere leicht basteln. Je mehr Tiere ihr habt, desto eher verwandelt sich das Kinderzimmer in einen gefährlichen Urwald! Zwischen zwei Stühlen könnt ihr ein mit Blättern und Pflanzen bemaltes Bettlaken befestigen und als Theaterbühne nutzen. Setzt euch dahinter, fasst den Löffel am Stiel so an, dass man eure Hand im Publikum nicht sieht, und lasst die wilden Tiere durch die Savanne marschieren.

# Fantastische Zaunlattenwesen

***Das braucht ihr:*** *Zaunlatte, dünne Sperrholzplatte 1 m x 50 cm groß (beides findet ihr im Baumarkt), Sandpapier, Säge, Bleistift, weiße, schwarze und graue Farbe, Pinsel, Lack, Kniestrumpf, Watte, 2 schwarze Knöpfe, Schrauben*

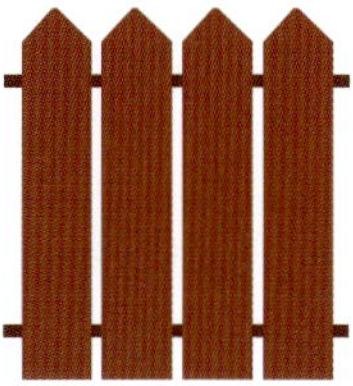

Mit dieser Idee, viel Fantasie und wenig Material könnt ihr die tollsten Kunstwerke schaffen!

Zu Beginn versucht ihr euch erst an einer einfacheren Vorlage, z. B. an einem Elefanten. Das geht so: Die Zaunlatte mit Sandpapier schön glatt abschleifen und mit weißer Farbe auf beiden Seiten grundieren. Während die Farbe trocknet, malt ihr auf das Sperrholz die zwei großen Elefantenohren auf. Wer die Ohren mit der Laubsäge ausschneiden darf, entscheidet am besten die Mama. Ein Kreis mit 40 Zentimetern Durchmesser wird auf die gleiche Art angefertigt.

Ist die Farbe getrocknet, kommen nun mithilfe von versenkbaren Schrauben die Ohren an ihren Platz. Die runde Holzplatte bildet den dicken Elefantenbauch und sollte mitten auf der Zaunlatte angeschraubt werden.

Die „Elefantenhaut" wird mit grauer Farbe aufgetragen. Mit einem Bleistift vorsichtig das Maul und die Konturen für den Kopf und die Vorderbeine vorzeichnen und alles mit schwarzer Farbe nachmalen. Die Augen malt ihr mit ein wenig weißer Farbe auf und überstreicht alles mit Lack, damit der Elefant auch wetterfest ist. Aus einem alten Kniestrumpf, den ihr mit Watte ausstopft, entsteht ein toller Rüssel, den der Elefant natürlich mitten im Gesicht trägt. Zuletzt die zwei Knöpfe als Pupillen aufkleben.

TÖRÖÖÖÖH! TÖRÖÖÖÖH!

## Robbi, der Roboter

***Das braucht ihr:*** *verschieden große, leere und saubere Konservendosen, Pappschachtel, leere Joghurtbecher, Alufolie, Draht, Hammer, dicken Nagel, Flachzange, Schraubenmuttern, Heißklebepistole, zwei Styropor®-Kugeln und alles, was euch zum Verzieren gefällt (z. B. Topfreiniger aus Metall, alte Tonbandkassetten, Duschkopf, Schrauben, Schlauchstücke etc.)*

Die meisten Kinder stellen sich Roboter als freundliche und lustige Maschinenmännchen vor. Lasst eurer Fantasie freien Lauf und baut aus ganz alltäglichen Dingen euren eigenen kleinen Blechfreund!

Die Konservendosen werden in warmem Wasser eingeweicht und von ihrem Papiermantel befreit. Bitte achtet bei der Vorbereitung darauf, dass ihr nur Dosen verwendet, die keinen scharfen Rand haben, an dem ihr euch verletzen könntet!

Den Körper des Roboters bildet eine besonders dicke Blechdose, die ihr mit der Öffnung nach unten hinstellt. Mit Hammer und Nagel werden in die Mitte des Dosenbodens zwei kleine Löcher für den Hals gestanzt. Auch für die Befestigung der Arme und Beine werden auf diese Weise Löcher in die Seiten der Dose geschlagen. Vielleicht hilft die Mama dabei mit.

Der Kopf des Roboters besteht aus einer alten Pappschachtel, die ihr in Alufolie einwickelt. Bunte kleine Joghurtbecher für Kinder lassen sich prima als Augen und Nase verwenden und werden auf die Schachtel geklebt. Als Pupillen für die Augen könnt ihr noch jeweils eine Schraubenmutter auf den Becherboden kleben.

Was findet sich sonst im Haus, das nicht mehr benötigt wird? Ein alter Duschkopf wäre ein toller Mund für euer Männchen, aber auch ein Stück Schlauch oder Kabel eignet sich hervorragend dafür. Aus einem metallenen Topfreiniger lässt sich eine üppige Lockenpracht zaubern, indem ihr die Metallschlingen einfach ein wenig auseinanderzieht. Übrigens wird auch der Bandsalat einer alten Tonbandkassette eine sehr schicke Frisur! Probiert aus, wie es am besten funktioniert und was euch gut gefällt!

Die Arme des Roboters baut ihr aus jeweils zwei kleineren Dosen. Sie sind durch kleine Drahtstücke miteinander verbunden, die ihr durch die Löcher in den Dosen fädelt, die ihr wieder mit Hammer und Nagel einschlagt. Die Enden des Drahtes werden mit der Zange verdreht. Nach dem gleichen Prinzip fertigt ihr auch die Beine des Roboters an und verbindet Arme und Beine mit dem Körper. Achtet darauf, dass der Draht für die Schulter- und Hüftgelenke etwas länger sein sollte! Noch schöner sieht es aus, wenn ihr diese Stellen anschließend mit ein wenig Alufolie umwickelt und so versteckt. Zuletzt wird der Kopf befestigt.

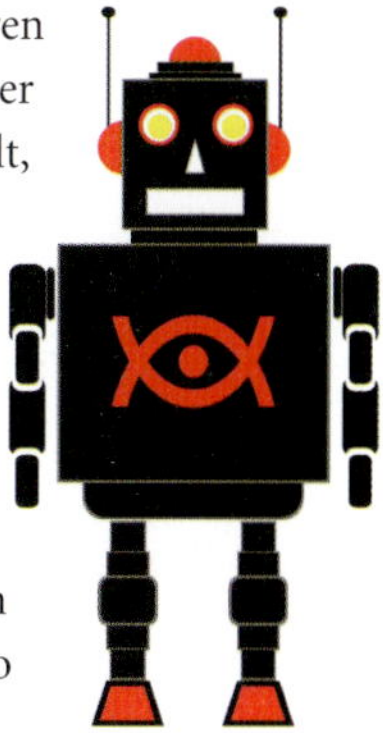

Wollt ihr eurem Männchen noch Hände basteln, nehmt ihr Styropor®-Kugeln, die in die Dosen eurer Roboterarme passen. Verpackt sie in Alufolie und klebt sie am Ende der Arme fest.

Zum Schluss könnt ihr euren Dosenfreund nach Herzenslust verzieren und dekorieren. Ob ihr das Innere einer Pralinenschachtel als Kleid verwendet oder große Schraubenmuttern als Knöpfe aufklebt – eurer Fantasie sind dabei keine Grenzen gesetzt!

## Flaschenpost

***Das braucht ihr:** leere Weinflasche mit Korken, Sand, Wolle, Kerze, schönes Blatt Papier und Buntstifte*

Wer hat nicht schon bei einem Strandspaziergang davon geträumt, dass er im Sand eine geheimnisvolle Flaschenpost mit dem Lageplan eines Piratenschatzes findet? Weil solche Schätze in der heutigen Zeit leider eher selten sind, müsst ihr eben mit einer selbst gebastelten Flaschenpost für Spaß und Spannung sorgen.

Als Erstes überlegt ihr euch, welche Nachricht ihr verschicken wollt. Vielleicht eine geheimnisvolle Einladung für einen tollen Piraten-Kindergeburtstag? Schreibt euren Text auf das Papier und verziert es nach Lust und Laune. Anschließend rollt ihr das Papier so dünn auf, dass es in die Flasche passt. Schlingt einen bunten Wollfaden um die Rolle und verknotet ihn, damit eure Nachricht sich nicht mehr aufwickeln kann. In eine leere Flasche füllt ihr ein wenig Sand, schiebt eure Post hinein und drückt den Korken fest in den Flaschenhals. Um Korken und Hals wickelt ihr wieder etwas Wolle. Anschließend zündet ihr eine Kerze an und lasst das heiße Wachs vorsichtig (Achtung: nicht verbrennen!) rund um den Korken tropfen, damit nachher kein Wasser in die Flasche eindringen kann. Auch den Knoten des Wollfadens beträufelt ihr damit ein wenig.

Wenn jetzt noch ein Kreuz oder die Anfangsbuchstaben eurer Namen in das noch warme Wachs geritzt werden, ist die Botschaft ganz persönlich versiegelt.

## Strassenkreide-Riesenkunstwerk

***Das braucht ihr:** Straßenkreide in verschiedenen Farben*

Sicher kennt ihr aus den Fußgängerzonen einiger Städte die großen Bilder der Straßenkünstler, die mit Kreide auf das Pflaster gemalt wurden und dort die Betrachter bis zum nächsten Regenschauer erfreuen.
Wollt ihr vielleicht auch einmal versuchen, ob an euch nicht ein großer Maler verloren gegangen ist?

Mit vier Steinen bestimmt ihr die Eckpunkte eures Bildes. Mit Kreide in einer Farbe eurer Wahl verbindet ihr anschließend diese Punkte zu einem Rahmen. Damit ist die Größe eurer „Leinwand“ festgelegt. Bevor ihr mit dem Malen beginnt, überlegt euch das Thema, das ihr zeigen wollt. So könntet ihr als Überschrift „Blick aus dem Flugzeug“ wählen. Da bietet sich z. B. ein Badestrand an, an dem die Menschen auf Decken und Handtüchern liegen. Alle tragen unterschiedliche Badehosen oder Bikinis, haben Sonnenbrillen oder Hüte auf, spielen Ball oder bauen Sandburgen.

Oder ihr stellt ein Stadtviertel in einer Großstadt dar, mit vielen Straßen und unterschiedlichen Autos, Bussen und Häusern. Es gibt Bürgersteige und Bäume, kleine Parks und Spielplätze.

Entweder ihr fangt jeder in einer Ecke des Bildes an zu malen, bis das ganze Gemälde fertig ist, oder ihr spezialisiert euch. Vielleicht mag der Sohn besonders gern Autos malen und die Mama findet vor allem Bäume und Grünanlagen toll?

Vergesst nicht, schnell noch ein Foto von eurem fertigen Kunstwerk zu machen, denn vielleicht regnet es morgen und dann ist die ganze Pracht futsch!

## Ihr Vögelein kommet

***Das braucht ihr:*** *150 g Kokosfett, 150 g Körnermischung (fertig gekauft oder selbst gemischt), Speiseöl, Kochlöffel, Blumentopf aus Ton, ca. 30 cm stabile und dickere Schnur, feste Pappe*

Im Winter macht es immer wieder Spaß, gemeinsam die vielen verschiedenen Vögel im Garten zu beobachten. Oft ist aber der Boden so hart oder es liegt sogar so viel Schnee, dass die gefiederten Freunde nichts Brauchbares zum Picken finden, und deshalb schnell wieder verschwinden. Auch können am Boden Gefahren lauern, z.B. Katzen. Deswegen sind Vögel vorsichtig. Die selbst gebastelte Futterglocke ändert das und lockt bestimmt viele kleine und hungrige Piepmätze an, die ihr dann beobachten könnt.

Schnappt euch einen Blumentopf aus Ton, der am Boden ein kleines Loch hat. Für die fertige Futterglocke steht der Topf auf dem Kopf. Legt ihn während des Bastelns auf die Seite, um besser daran arbeiten zu können. Eine ganz persönlich gestaltete Glocke bekommt ihr, wenn ihr den Blumentopf von außen mit wasserfester Farbe bemalt.

Durch das Loch des Topfes fädelt ihr die Schnur, sodass sie oben und unten je etwa 15 Zentimeter herausschaut. Mit einem geschlitzten Stückchen Pappe wird von innen das Loch verdeckt. Ihr verknotet dort die Schnur so dick, dass sie nicht mehr durch die Öffnung des Topfes rutschen kann. Jetzt hängt sie wie ein Glockenklöppel darin. In das untere Ende des Klöppels noch einige Knoten knüpfen, damit die Vögel sich daran später gut festhalten können und bequemer an die Körner herankommen.

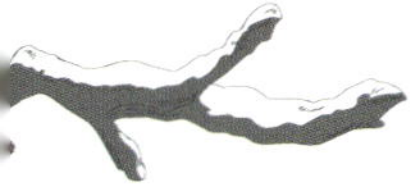

Die ideale Futterfüllung enthält Haferflocken, Mohn, Hanf, Kleie, Sonnenblumenkerne, Rosinen, Nüsse und Obststückchen. Damit ist für jeden Vogel das Richtige dabei. Entweder ihr besorgt euch die einzelnen Zutaten im Laden oder ihr greift auf eine fertige Futtermischung zurück.

Für die Zubereitung wird das Kokosfett bei geringer Temperatur in einem kleinen Kochtopf geschmolzen, die Körner werden zusammen mit dem Schuss Speiseöl dazugegeben. Das Öl verhindert, dass die Füllung an der kalten Luft zu hart wird. Die abgekühlte, aber noch warme Masse nach und nach mit einem Kochlöffel in den Tontopf streichen. Dabei solltet ihr darauf achten, dass der Klöppel in der Mitte der Masse bleibt. Wenn sie erstarrt ist, kann man die Futterglocke an einem geschützten Ort im Garten aufhängen.

Jetzt macht ihr es euch alle mit einem schönen warmen Kakao oder Tee am Fenster gemütlich und beobachtet eure kleinen Schützlinge, die bestimmt nicht lange auf sich warten lassen, um das leckere Futter zu probieren. Kennen Sie sich mit den einzelnen Vogelarten aus, liebe Mama? Dann können Sie sie Ihrem Kind zeigen! Oder Sie besorgen sich ein kleines Nachschlagewerk über heimische Vögel und bestimmen und lernen die Namen gemeinsam mit Ihrer Familie.

## Kasperletheater

**_Das braucht ihr:_** *Bilderrahmen (70 cm x 1 m), Schleifpapier, Brett (1 m x 50 cm), 2 lange Metallwinkel, Bleistift, Schrauben, 2 kleine Schraubhaken, 2 Vorhangteile (80 cm x 70 cm), 1 m farbige Kordel, Tacker, Farbe und Pinsel, 2 Bettlaken*

Wenn Kasperle und seine Freunde ein spannendes Abenteuer erleben, hält es die Kleinen nicht mehr auf ihren Plätzen. Da wird mit den Helden gezittert und mit lauten Rufen die Prinzessin vor dem Räuber gewarnt. Für so viel Spaß braucht es kein großes Theater. Schnell ist die eigene Bühne gebaut, und der Vorhang kann sich heben.

Als Theater ist ein großer Bilderrahmen bestens geeignet. Ein schlichter Holzrahmen, dessen Rand etwas breiter ist, reicht völlig aus. Mit ein wenig Glück findet man manchmal solche Stücke als preiswertes Sonderangebot im Baumarkt oder in den großen Möbelhäusern.

Entfernt zuerst den alten Lack mit dem Schleifpapier. Dann bekommt der Rahmen einen neuen Anstrich in eurer Lieblingsfarbe. Der Vorhangstoff sollte bunt gemustert und farblich auf die Rahmenfarbe abgestimmt sein. Er wird in Falten auf die obere Rückseite des Bilderrahmens gelegt und so angetackert, dass sich beide Vorhangteile in der Mitte treffen.

Stellt den Bilderrahmen mit der breiteren Seite senkrecht mitten auf das Holzbrett. Zeichnet auf Rahmen und Brett die Schraublöcher für die Metallwinkel an, mit denen ihr die beiden Teile miteinander verbindet. Es ist einfacher, wenn ihr die Winkel zuerst rechts und links an den Bilderrahmen schraubt und euch danach das Brett vornehmt. Vorsichtig die zwei kleinen Schraubhaken in die Stelle des Rahmens eindrehen, an der ihr mit einer Kordel euren Vorhang festmachen wollt.

Zum Spielen stellt ihr einen Tisch mit etwas Abstand vor eine Zimmertür, in die ihr vorher ein Bettlaken als Hintergrund einklemmt. Das zweite Tuch breitet ihr über dem Tisch aus, sodass niemand sehen kann, dass ihr während der Vorstellung dahintersitzt. Wenn ihr jetzt das Brett mit der Bühne auf den Tisch stellt, kann es fast schon losgehen!

Gespielt wird mit kleinen Fingerhandpuppen, die es für wenig Geld in großer Auswahl im Spielwarenhandel gibt. Natürlich könnt ihr im Buchladen Kasperlegeschichten kaufen. Viel schöner ist es aber, wenn ihr euch selbst ein kleines Abenteuer überlegt. Das ist nicht so schwer: Kasperle ist der witzige Held, der bei der lieben Großmutter lebt, die er immer mithilfe seines Freundes Seppel rettet. Teufel, Räuber und Krokodil spielen die bösen Rollen und sorgen für die spannende Aufregung. Der Polizist wirkt manchmal etwas dumm und in die hübsche Gretel ist das Kasperle ein wenig verliebt. Obwohl es oft nicht so scheint, siegt am Ende immer das Gute! Selbstverständlich hilft das Publikum dem Kasperle, indem es ihn mit Rufen vor den Schurken warnt und ihm alles Wichtige erzählt.

## JETZT GEHT ES ABER LOS! SEID IHR ALLE DA?

## Riesenmikado aus Zweigen

***Das braucht ihr:*** *25 gerade Äste (ca. 1 m lang), wasserfeste Farbe, Sandpapier, scharfes Messer, Pinsel*

Euer Riesenmikado ist, na klar, ein Riesenprojekt! Das Material muss in der Natur gesucht, die einzelnen Stäbe müssen bearbeitet werden. Die Spielregeln legt ihr selbst fest. Erst dann kann endlich gespielt werden. Ist es nicht schön, dass ihr dazu fast die ganze Zeit an der frischen Luft seid?

Mit einem Waldspaziergang geht es los! Sammelt alle zusammen – auch Geschwister und Freunde können mitmachen – möglichst viele und gerade Äste. Diese sollten die Länge von ungefähr einem Meter haben und alle im Durchmesser ein bis zwei Zentimeter dick sein. Ihr braucht natürlich keinen Zollstock, denn da es sich um ein Spiel mit Naturmaterial handelt, sind kleine Abweichungen normal.

Aus diesem Vorrat sucht ihr die 25 Äste aus, die am besten zusammenpassen. Mit dem Messer werden alle Enden an einer Seite zugespitzt und kleine Unebenheiten beseitigt. Dafür braucht ihr ein scharfes Messer, das am besten von Mama benutzt wird.

Junior kann alles schön mit Sandpapier glatt schleifen. Zwei Mikadostäbe werden rot, vier weitere gelb, sechs blau und zwölf grün angemalt. Mit dem schönsten und auffälligsten Anstrich kennzeichnet ihr den letzten und wichtigsten Stab! Jeder Farbe wird eine bestimmte Punktzahl zugeordnet. Kann das Spiel jetzt beginnen? Um alle Stäbe aufrecht zu stellen, werdet ihr alle mit anfassen müssen. Auf Kommando lasst ihr los und tretet zurück. Der erste Spieler versucht, möglichst viele Stäbe aufzusammeln, ohne dass ein anderer Mikado wackelt, denn sonst löst ihn der nächste Mitstreiter ab.

Wer schafft die meisten Punkte?

## Riesenseifenblasen

***Das braucht ihr:** 250 g Zucker, 3 l Wasser, 500 ml Spülmittel oder Neutralseife, 40 ml Glyzerin (Apotheke), ca. 1 m stärkeren Draht*

Wie schön schillern Seifenblasen im Licht! Sie durch die Luft schweben zu sehen oder mit der Hand aufzufangen, davon sind Erwachsene genauso fasziniert wie kleine Kinder. Je größer die Seifenblase gelingt, desto begeisterter ist das Publikum. Habt ihr den Ehrgeiz, Riesenseifenblasen zu zaubern? Auf gehts!

Zuerst löst ihr 250 Gramm Zucker in einem halben Liter Wasser auf. Einen weiteren halben Liter Wasser mit einem halben Liter Spülmittel oder Neutralseife vermischen. Dann mixt ihr die Zucker- und die Spülmittellösung zusammen und gebt 40 Milliliter Glyzerin dazu, damit die Blasen mehr Stabilität bekommen. Anschließend die Mischung mit den übrigen zwei Litern Wasser verdünnen und ein paar Stunden durchziehen lassen.

Im Baumarkt bekommt ihr stabilen Draht, der etwas stärker als normaler Basteldraht ist, sich aber trotzdem gut zu einem Ring von ca. 20 Zentimetern Durchmesser formen lässt. Auch einen Griff zum Anfassen könnt ihr daraus biegen. Damit sich ein stabiler Film bildet, befeuchtet ihr den Ring gut mit der Lauge. Auf die Drahtringe kann man natürlich nicht pusten, ihr müsst sie mit ruhiger Hand vorsichtig durch die Luft ziehen.

Schnell habt ihr herausgefunden, wie sich die Blase am besten aus der Schlinge löst. Aber passt gut auf! Die Riesenseifenblase platzt genauso schnell wie ihre kleinere Schwester!

## Und der Sieger ist ...

***Das braucht ihr:** Pappteller oder Bierdeckel, Wasserglas, Bleistift, Gold- und Silberfolie, Schere, Bastelkleber, Geschenkband oder Kordel, Metallcolorstifte, Sticker, Streuglimmer, Krepppapier*

Auf die Plätze, fertig, los! Egal um welche Disziplin es geht – die kleinen Wettkämpfer geben bestimmt ihr Bestes, wenn sie zur Belohnung eine schöne Medaille erhalten.

Ein einfacher weißer Pappteller, wie ihr ihn z. B. für eine Party oder ein Picknick benutzt, dient dafür als Grundlage. Mit Bleistift und dem Wasserglas zeichnet ihr einen Kreis auf den Teller und schneidet ihn sorgfältig aus. Achtet darauf, dass der Pappkreis richtig schön rund wird! Damit die Medaille später möglichst stabil ist, sollte der verwendete Teller etwas dicker sein. Ist euch das ausgeschnittene Ergebnis noch zu dünn, fertigt ihr zwei oder drei Kreise an, die ihr übereinanderkleben könnt. Oder ihr verwendet anstelle des Papptellers einen Bierdeckel.

Aus Gold- oder Silberfolie schneidet ihr doppelt so viele Kreise aus, wie ihr Medaillen anfertigen wollt, denn es gibt ja eine Vorder- und eine Rückseite. Die Hälfte dieser Kreise sollte etwas größer als eure Pappscheiben sein, sodass sie diese um ca. einen Zentimeter überragen, die andere Hälfte hat die Größe eurer Medaillen.

Zuerst wird die größere Folie aufgeklebt, die für die Vorderseite eurer Medaille bestimmt ist. Den Überstand schneidet ihr in kleinen Abständen mit der Schere bis zum Pappkreis ein und klebt ihn auf der Rückseite möglichst flach auf.

Solltet ihr euch zur Befestigung für das Geschenkband entschieden haben, schneidet ihr für jedes

Kind einen halben Meter davon ab. Ein Ende des Bandes wird an der Rückseite der Medaille festgeklebt. Das zweite Ende dreht ihr einmal, bevor ihr es daneben anbringt. So schmiegt sich die Medaille gut um den Hals und sieht noch besser aus.

Eine besonders edle Auszeichnung entsteht, wenn ihr ein langes Stück Krepppapier (ca. fünf Zentimeter breit) in Falten rund um den Rand der Rückseite klebt.

Damit auch die zweite Seite gut aussieht, klebt ihr jetzt den kleineren Folienkreis auf, sodass alles sauber abgedeckt ist.

**Bei der Dekoration der Medaillen sind euch keine Grenzen gesetzt:**

- Malt die 1 für den Sieger und die Zahlen für die folgenden Plätze mit Metallcolorstiften auf.
- Verziert die Vorderseite mit Glimmer, Stickern, aufgeklebten Bildchen oder anderen Motiven.
- Schreibt mit einem wasserfesten Filzstift das Spiel oder Turnier auf, in dem der Platz errungen wurde.

Wollt ihr lieber eine Kordel zum Umhängen, dann stanzt ihr erst ganz zuletzt mit dem Papierlocher ein Loch in eure Medaille, durch das die Kordel gefädelt und anschließend verknotet wird. So kann man sie dem Ersten bei der Siegerehrung um den Hals legen.

Auf die gleiche Art und Weise könnt ihr auch Orden herstellen. Dann braucht ihr aber weder Band noch Kordel, sondern klebt eine kleine Anstecknadel auf der Rückseite fest.

## Kunstblut für gefährliche Piraten

***Das braucht ihr für das Kunstblut:*** *300 ml Wasser, 2 EL Speisestärke, kleine Schüssel, Schneebesen, kleinen Kochtopf, rote Lebensmittelfarbe*

***Das braucht ihr für das Make-up:*** *Grundierung, braunen Puder, schwarze Schminke, schwarzen Kajalstift, grauen Lidschatten, verschiedene Pinsel*

Ihr seht einen spannenden Piratenfilm im Fernsehen. Seeräuber entern das feindliche Schiff, dessen Seeleute sich erbittert wehren. Säbel krachen aufeinander und manch tiefe Wunde hinterlässt später eine schlimme Narbe. Gut, dass das alles nur gespielt ist und die Narben geschminkt sind! Aber schön spannend und gruselig ist es doch auch, oder? Um Ihren kleinen Piraten „seetüchtig" zu schminken, fertigen Sie eigenes Kunstblut an.

Dazu wird in einem Topf das Wasser zum Kochen gebracht. Gebt die mit wenig Wasser angerührte Stärke dazu und rührt tüchtig mit einem Schneebesen um, damit es keine Klümpchen gibt. Jetzt kann die rote Lebensmittelfarbe zugefügt werden. Wie viel ihr hier verwendet, ist vom gewünschten Rotton abhängig. Weniger ist da oft mehr! Mit etwas Kakaopulver verdunkelt sich das Rot, sodass perfektes und echt wirkendes Blut entsteht. Nach zwei Minuten Kochzeit ist das Kunstblut fertig.

Jetzt verwandeln Sie Ihr Kind in einen furchtbar aussehenden Seeräuber: Mit Grundierung erhält der Pirat seine gesunde Gesichtsfarbe, die er sonst von der frischen Luft auf hoher See bekommt. Ist die Farbe gleichmäßig auf dem Gesicht verteilt und abgepudert, stricheln Sie die Augenbrauen mit schwarzer Schminke und dünnem Pinsel kreuz und quer. Auf eine gekaufte Augenklappe verzichten Sie besser, weil sie Ihrem Sohn nach kurzer Zeit sowieso zu unbequem wird. Stattdessen malen Sie sie einfach auf. Zuerst mit einem schwarzen Kajalstift einen Kreis um das Auge herum vorzeichnen. Mit schwarzer Schminke und einem kleinen runden Pinsel füllen Sie den

Kreis aus. Das Halteband der Augenklappe wird quer über die Stirn und seitlich zum Ohr gemalt. Auf das andere Augenlid kräftig grauen Lidschatten verteilen, das gibt ein schön ungesundes Aussehen! Nun mit dem schwarzen Kajalstift den typischen Piratenbart zaubern. Fangen Sie in der Mitte des Mundes an und ziehen Sie mit einem Strich den dünnen Bart bis zum äußeren Mundwinkel. Am Ende des Mundwinkels den Kringel mit einem Schwung nach oben auslaufen lassen. Mit dem grauen Lidschatten schattieren Sie einen Dreitagebart auf die Wangen und das Kinn, denn Piraten mögen Waschen und Rasieren nicht!

Zuletzt fehlen noch ein paar kräftige Narben und dafür kommt das Kunstblut zum Einsatz! Mit einem dünnen Pinsel tragen Sie es in der gewünschten Form auf Wange und Stirn auf. Nach dem Trocknen werden mit dem dünnsten Pinsel quer zu der roten Linie schwarze Striche gezeichnet. Das sind die Nähte des Piratendoktors! Fertig!

Wenn Sie sich jetzt ein wenig vor Ihrem eigenen Kind fürchten, haben Sie es gut hinbekommen!

ARR! ARR!

## Fallschirmspringer

**Das braucht ihr:** *Plastiktüte, Schere, Lineal, Filzstift, Papierlocher, Nylonschnur, Spielzeugmännchen*

Wetten, dass ein Spielzeugmännchen fliegen kann? Mit dieser Bastelidee gewinnt ihr nicht nur die Wette, sondern lernt auch noch das Prinzip des Fallschirmspringens kennen!

Zeichnet mit dem Filzstift auf die Innenseite einer Plastiktüte ein Quadrat mit einer Seitenlänge von 35 Zentimetern und schneidet es anschließend an den Linien entlang aus.

Mit dem Papierlocher werden acht Löcher in die Plastikfolie gestanzt: eins in jede der Ecken und je eins in die Randmitte der vier Seiten. Für die Seile des Fallschirms schneidet ihr von der Nylonschnur acht Fäden ab, mit einer Länge von jeweils 40 Zentimetern. Befestigt jeden Faden an einem Loch der Folie, fasst alle acht losen Endpunkte und knotet sie zusammen.

Nun kommt der kleine Spielzeugheld zum Einsatz! Um die Schnur des Fallschirmes an seinem Körper zu befestigen, schneidet ihr zwei Fäden mit je zehn Zentimetern Länge ab. Jeder Faden wird verknotet und um einen Arm des Männleins gelegt. Wenn ihr wollt, könnt ihr diese Fadenringe zur Sicherheit noch mit einem Tropfen Kleber am Körper der Figur fixieren. Mit einem letzten Stückchen Schnur verbindet ihr beide Schulterringe mit den Fäden des Fallschirms und verknotet die Enden.

Es wird spannend: Der Fallschirm wird aufgerollt und mit seinen Schnüren um das Männchen gewickelt. Wenn ihr die Figur hoch in die Luft werft, wird sie sanft wieder zur Erde segeln.

## Garage für Spielzeugautos

***Das braucht ihr:*** *weißen Schuhkarton mit Deckel, Stück festen Karton, Schere, weiße Pappe, Kleber, Filzstift*

Ein Spielzeugauto kommt selten allein und so finden sich die heiß geliebten Flitzer bald in jeder Ecke des Kinderzimmers. Solltet ihr die Übersicht über eure Renner verloren haben, braucht ihr dringend eine Garage!

Stellt den Schuhkarton mit dem Boden nach oben hin. Zeichnet mit Filzstift auf eine Längsseite die Einfahrt auf, sodass rechts, links und oben ein Rand von drei Zentimetern bleibt, und schneidet dieses umgedrehte „U“ aus. Fertig ist das Garagentor, durch das die Autos rein- und rausfahren!

Schneidet von dem Deckel des Schuhkartons eine Längsseite komplett ab, sodass nur noch drei Randstreifen stehen bleiben. Auf die Innenseite des Deckels zeichnet ihr die Stellplätze für eure Autos ein. Wird der Karton darübergestülpt, ist die Garage überdacht und stabil.

Sind trotzdem noch nicht alle Autos untergebracht, zeichnet ihr auf dem Oberdeck weitere Parkplätze ein. Aus festem Karton schneidet ihr ein etwa 30 x 10 Zentimeter großes Stück aus und klebt es mit einer seiner Schmalseiten seitlich auf dem Kartonboden fest. Dies ist die Rampe, mit der eure Autos bequem in die erste Etage fahren können. Eine Balustrade, die verhindern soll, dass eure Autos von oben herabstürzen, fertigt ihr aus einem schmalen Streifen der weißen Pappe an und klebt sie um das ganze Oberdeck bis zur Rampe hin fest. Wer möchte, malt seine Garage noch bunt an.

## Sodaboot

***Das braucht ihr:** Plastikflasche mit Schraubverschluss, Nadel, Draht, Styropor®-Platte, Backpulver, Essig, Trichter*

Boote selbst zu bauen und sie anschließend gleich auf ihre Fahrtüchtigkeit zu testen, macht aus verschiedenen Gründen einen Riesenspaß. Man kann mit den Händen arbeiten und erschafft ein schmuckes Spielzeug, das dann sogar richtig funktioniert. Fast wie ein großes Boot! Aus Rinde oder aus Papier habt ihr sicherlich schon einmal kleine Schiffchen gebastelt. Doch wie steht es mit einem Plastikflaschenboot mit Düsenantrieb? Der Bau ist simpel, der Effekt aber enorm. Mit Turboantrieb flitzt euer Boot, wenn ihr alles richtig gemacht habt, über das Wasser. Der Trick ist eine ganz einfache chemische Reaktion, die dennoch mordsmäßig Eindruck macht.

So ein Sodaboot ist schnell gebaut. Nehmt eine Plastikflasche und wascht sie einmal aus. Danach legt ihr die Flasche auf die Styropor®-Platte. Mit dem Draht befestigt ihr sie an der Platte. Am einfachsten geht das, indem ihr den Draht auf einer Seite durch das Styropor® stecht und unter der Platte abknickt, damit er sich nicht lösen kann. Das andere Ende führt ihr als Schlaufe über die Flasche, stecht es wieder durch die Platte und biegt es darunter um. Auf die gleiche Art und Weise legt ihr ein zweites Drahtstück um die Flasche, sodass sie sich nicht mehr lösen kann.

Ihr benötigt ein kleines Loch im Deckel der Plastikflasche, durch das später das Gas entweichen kann. Durchbohrt ihn deshalb mit einer Nadel. Wenn das nur schwer zu bewerkstelligen ist, könnt ihr die Nadel in einen Weinkorken stecken und über einer offenen Flamme (Gasherd

oder Feuerzeug) zum Glühen bringen. Rot glühend gleitet die Nadel leicht durch den Plastikdeckel. Das stinkt allerdings gewaltig und giftige Dämpfe treten aus. Also Vorsicht! Macht die Öffnung nicht zu groß, sonst fährt das Boot später nur ein kurzes Stück, weil zu viel Gas auf einmal austritt.

Jetzt kommt der große Moment! In die saubere Flasche füllt ihr einen Esslöffel Backpulver und kippt einen halben Becher Essig hinterher. Dabei ist ein Trichter hilfreich. Jetzt blitzschnell den Verschluss zudrehen, einmal kräftig schütteln und das Boot zu Wasser lassen. Essig und Backpulver reagieren augenblicklich miteinander. In der Flasche entwickelt sich Kohlendioxid. Das ist ein Gas, das euer Schiffchen flott über den Teich oder durch die Badewanne sausen lässt.

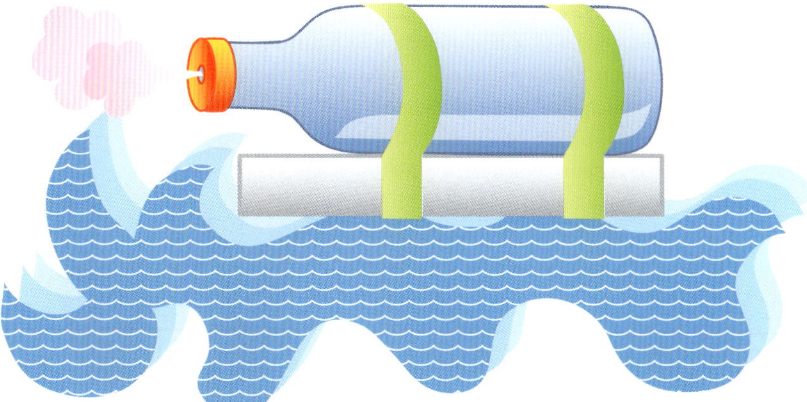

## Sonnenuhr

**Das braucht ihr:** *Blumentopf aus Ton (Durchmesser ca. 30 cm), wasserfesten schwarzen Filzstift, Sand, geraden Stock, Dekomaterial, Uhr, Kompass*

Wie haben vor langer Zeit die ägyptischen, römischen oder griechischen Kinder ohne Uhr gewusst, wie spät es ist, wenn sie pünktlich zum Essen daheim sein wollten? Mit dieser Anleitung für eine Sonnenuhr lernt Ihr Kind spielerisch, die Sonne und ihren täglichen Lauf über den Himmel ganz neu zu sehen.

Auf eine Seite des Blumentopfes wird mit dem Filzstift ein großes „N" für Norden auf den oberen Rand geschrieben. An der gegenüberliegenden Seite ist also Süden – hierhin schreibt ihr ein großes „S". Mithilfe des Kompasses richtet ihr den Topf so aus, dass das „N" exakt nach Norden zeigt. Mit einem Steinchen wird das Loch im Boden verstopft, dann wird das Gefäß mit Sand gefüllt. In die Mitte steckt ihr anschließend senkrecht den geraden Stock als Stundenzeiger.

Natürlich muss die Sonne scheinen. Zu jeder vollen Stunde schaut ihr dann nach, an welche Stelle des Topfes der Stundenzeiger seinen Schatten wirft. Dort macht ihr einen Strich mit dem Filzstift auf den Rand des Topfes und schreibt die Zahl, z.B. 10 bei zehn Uhr, darunter. So könnt ihr von morgens bis abends eine genaue Stundeneinteilung markieren.

Mit bemalten oder beschrifteten Steinchen, Muscheln, leeren Schneckenhäuschen oder kleinen Federn lassen sich Zeiten wie Schulschluss oder Mittagessen besonders hübsch kennzeichnen.

Nun braucht ihr nur noch eins, damit ihr wisst, wie spät es ist: Sonnenschein!

## Dickes rosa Sparschwein

***Das braucht ihr:*** *Schüssel, Luftballon, weißes Papier, 2 leere Eierkartons, Tapeten- und Bastelleim, Pinsel, Farbe, scharfes Messer*

Zuerst rührt ihr den Leim in einem Verhältnis 1:1 mit Wasser an und lasst ihn gut quellen. Mit einem Pinsel streicht ihr den Kleister Stück für Stück auf den aufgeblasenen Luftballon. Das Papier zerreißt ihr nach Herzenslust in kleine Schnipsel. Sie werden in den nassen Leim gelegt. Kleistert immer ein Stück ein, legt Papierstückchen darauf und pinselt das nächste Stück ein, bis der komplette Luftballon (außer dem Knoten) beklebt ist. Dazu legt ihr den Ballon am besten in eine Schüssel. Bevor der Luftballon in der Schüssel gedreht werden kann, muss die obere Seite erst über Nacht trocknen, dann ist die andere Seite dran. In der gleichen Weise tragt ihr noch eine zweite Schicht Papier auf.

Ist auch diese gut getrocknet, nehmt ihr den Luftballon heraus, indem ihr seinen Knoten abschneidet, sodass die Luft entweichen kann. So lässt sich der schlaffe Ballon vorsichtig herausziehen. Um das Loch zu verdecken, klebt eine Ecke aus einem Eierkarton als Schnäuzchen an. Weitere vier Kartonecken als Füße unter dem Schwein befestigen. Aus Papier und Leim formt ihr die Ohren eures Schweins und setzt sie an die entsprechenden Stellen. Das komplette Tier könnt ihr jetzt mit drei Schichten Küchenrolle bekleben, die dazu in größere Stücke gerissen wird. Ist wirklich alles trocken, malt ihr das Schwein rosa an. Ein Gesicht bekommt es jetzt natürlich auch. Für den Geldschlitz schneiden Sie, liebe Mama, mit einem scharfen Messer ein Rechteck in den Rücken, sodass Münzen und Geldscheine leicht hindurchpassen.

Jetzt muss das Schwein nur noch gut gefüttert werden!

## Fühlkiste zum Gruseln

**Das braucht ihr:** *mehrere verschließbare Kartons, Sägemesser, „gruselige" Sachen (z. B. Topfreiniger aus Stahlwolle, Styropor®-Stückchen, Federn, trockenen Badeschwamm, Marshmallows, kaltes Würstchen, kratzige Wolle)*

Gespenstergeschichten oder Geisterbahn – gruselige Dinge sorgen für großes Vergnügen! Wetten, dass es mit ganz normalen Alltagsgegenständen möglich ist, auf der nächsten Halloweenparty eine wohlige Gänsehaut zu verbreiten?

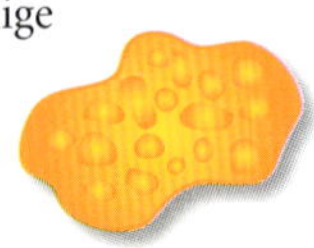

Ob ihr das Anfassen eines Gegenstandes als angenehm oder nicht empfindet, hängt oft davon ab, was für eine Vorstellung ihr davon habt. Wenn ihr nicht sehen könnt, was ihr berührt, kommen euch auch vertraute Dinge ganz fremd vor, und es ist schwierig zu entscheiden, ob es sich um etwas wirklich Gruseliges handelt oder ob euch eure Fantasie nur einen Streich spielt. Genau deshalb ist die Grabbelkiste so geheimnisvoll.

Für eine solche Tast- und Fühlkiste sucht ihr euch einen Karton von mittlerer Größe. Schneidet seitlich ein Loch hinein, das nur so groß sein sollte, dass man eine Hand hindurchstecken kann.

Jetzt sind Sie gefragt, liebe Mama, denn es soll ja eine Überraschung für Ihr Kind werden. Also, psst! Suchen Sie Gegenstände aus dem Alltag aus, die Ihr Kind kennt. Wichtig ist die Oberfläche, die das Kind ertastet. Es soll sagen, was es zu erkennen glaubt. Wirklich eklige Dinge sind also gar nicht nötig.

Ob sich ein Objekt für das Spiel eignet, können Sie schnell selbst feststellen. Schließen Sie die Augen und betasten Sie den Gegenstand ausgiebig. Was für ein Gefühl löst ein trockener Badeschwamm in Ihrer Hand aus? Wie ist es, wenn man kratzige Wolle anfasst? Selbst harmlos geknüllte Alufolie kommt einem plötzlich spitz und gefährlich vor. Füllen Sie einige ausgesuchte Dinge in den Karton, aber lassen Sie dabei Platz, damit jeder Gegenstand im Inneren frei bewegt werden kann. Anschließend kleben Sie den Karton zu.

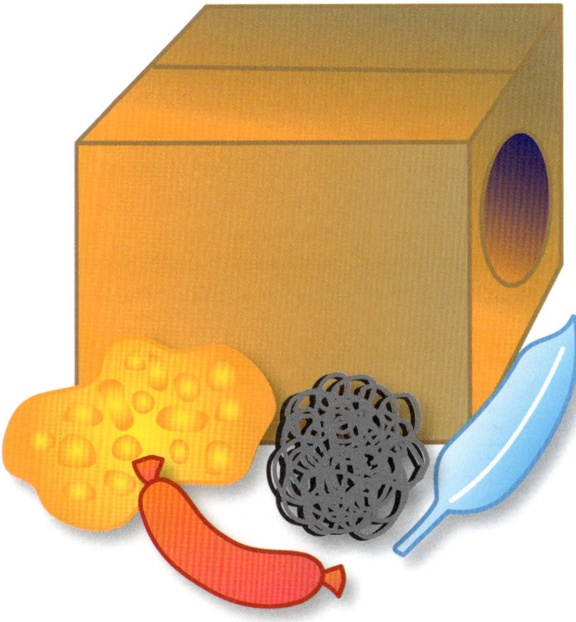

Ihr Kind fasst jetzt mit seiner Hand in die Kiste und ertastet die Sachen. In erster Linie zählt hier der Spaß. Es ist also nicht so wichtig, dass Ihr Sohn die Dinge richtig errät. Viel besser ist es, wenn er sich tatsächlich ein wenig gruselt.

An Halloween wird aus der Fühlkiste ein toller Partyspaß! Bereiten Sie dazu mehrere Schuhkartons vor, in die Sie aber nur jeweils einen Gegenstand legen. Am besten nummerieren Sie die Kartons und schreiben sich auf, was sich hinter der entsprechenden Zahl versteckt. Nachdem das Licht im Raum schön schummerig gedimmt ist, erzählen Sie eine gruselige Geschichte, in die Sie die Grabbelkisten mit einbeziehen. So berichten Sie von einem Hexenfinger, der im Wald gefunden wurde. Dabei geht der Karton in der Gruppe herum, in dem die Kinder eine verschrumpelte Karotte erfühlen können. Das Stückchen Sandpapier wird zur echten Drachenhaut und eine Schlange aus Weichgummi verwandelt sich in eine bedrohliche Giftschlange. Am Ende lassen Sie die Kinder den wirklichen Inhalt der Kartons erraten und öffnen zur Lösung die Grabbel-Grusel-Kisten.

# Minigolfbahnen

**Das braucht ihr:** *glatte oder ebene Fläche (kurzer Rasen, Terrasse oder Hofplatz), 2 Kanthölzer (je 2 m x 6 cm x 4 cm), Kantholz (60 cm x 6 cm x 4 cm), ca. 50 cm Dachrinne, dickere Papproöhre (ca. 50 cm lang; z. B. im Schreibwarenhandel), Blumentöpfe nach Wahl, vorhandene Holzreste, Sand, Schläger und Bälle aus dem Spielwarenhandel*

Minigolf ist ein Spaß für die ganze Familie. Die Hindernisse sehen gar nicht so schwierig aus, aber trotzdem scheint der kleine Ball ein Eigenleben zu führen. Mal will er nicht in die richtige Richtung rollen, dann stoppt er einfach kurz vor dem Loch! So bleibt es bis zum Schluss spannend, wer am Ende die wenigsten Schläge zum Sieg gebraucht hat.

Mit diesem Vorschlag lässt sich ohne großen Aufwand ein unterhaltsames Turnier veranstalten, denn ihr benötigt dazu nur eine einzige Grundbahn, auf der die wechselnden Hindernisse schnell auf- und wieder abgebaut werden können.

Sucht euch ein passendes Spielfeld aus, das auf einer Fläche von zwei Metern x 60 Zentimetern möglichst keine Unebenheiten oder Gefälle haben sollte. Jetzt legt ihr die zwei langen Kanthölzer als rechte und linke Begrenzung parallel auf den Boden, dazwischen legt ihr das kurze Holzstück als Kopfteil. Richtet die Hölzer so aus, dass sie im rechten Winkel zueinander liegen wie ein an einer Seite offenes Rechteck. Fertig ist die Spielbahn!

Nun könnt ihr folgende Hindernisse darauf aufbauen:

**Bahn 1:** An dem gewählten Zielpunkt liegt ein kleinerer Blumentopf auf der Seite, sodass er mit der Öffnung zu eurem Startpunkt zeigt. Diesen Topf könnt ihr bis zum Spielen der fünften Bahn auch dort lassen. Dreht mehrere größere Blumentöpfe auf den Kopf

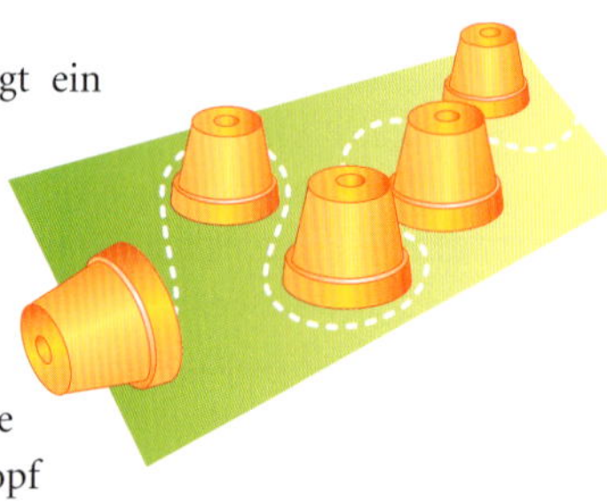

und stellt sie so versetzt auf die Bahn, dass der Ball erst einen Slalom rollen muss, bevor er im Zieltopf landet.

**Bahn 2:** Legt die Pappröhre der Länge nach auf die Bahn und versperrt rechts und links davon den Durchgang mit Pappkartons oder Hölzern. Der geschlagene Ball muss sich erst seinen Weg durch die Röhre suchen, bevor er im Ziel landet.

**Bahn 3:** Aus Sand errichtet ihr in der Mitte der Bahn eine kleine Schräge, die vom Zieltopf zum Start abfällt. Legt das Stück Dachrinne darauf. Der Ball muss nun über die kleine Rampe fliegen. Natürlich zählt es nicht, wenn sich der Ball seitlich am Hindernis vorbeischummelt.

**Bahn 4:** In einen Karton schneidet ihr zwei Löcher in die gegenüberliegenden Wände, sodass ihr einen Tunnel erhaltet. Den stellt ihr als Hindernis auf die Bahn.

**Bahn 5:** Stellt die Pappröhre von Bahn 2 senkrecht als Turm, den die Spieler mit ihren Bällen treffen müssen, ins Ziel.

Alles fertig aufgebaut? Dann startet der erste Spieler von einem festgelegten Punkt der Bahn. Als Spielregel gilt: Erst wenn jeder von euch die Bahn komplett gespielt hat, wird sie abgeräumt und die neuen Hindernisse kommen an ihren Platz. Es zählt jeder Schlag, bis der Ball die Hürde genommen hat und im Ziel ankommt.

Noch spannender und schwieriger wird es, wenn ihr die Anzahl der Schläge begrenzt. Wer es damit nicht schafft, bekommt noch einen Strafpunkt zusätzlich.

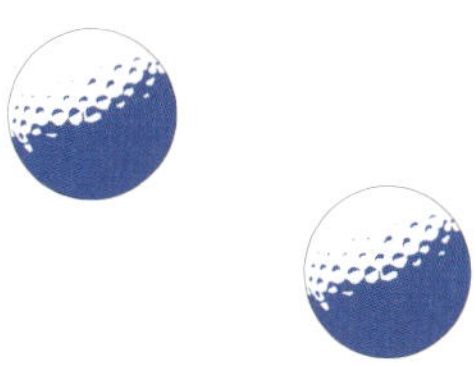

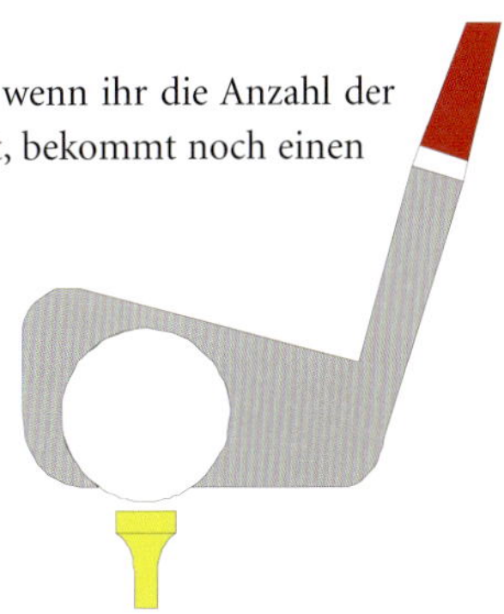

## Sanduhr

**Das braucht ihr:** *2 gleiche Schraubgläser, Sand, Klebstoff, Trichter, Bohrer oder Ahle, Uhr mit Sekundenzeiger*

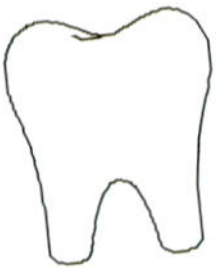

Zähneputzen ist ein Thema, das bei Kindern oft nur gedämpfte Begeisterung hervorruft. Meistens empfinden die Eltern die Putzzeit kürzer als ihr Kind. Mit eurer selbst gebauten Sanduhr könnte sich das vielleicht entscheidend ändern!

Ihr beginnt, indem ihr die Deckel der Gläser abschraubt und an der Oberseite, sozusagen Rücken an Rücken, so miteinander verklebt, dass sie genau übereinanderpassen. Ist der Kleber getrocknet, bohrt ihr durch die Mitte der beiden Deckel mit einem Bohrer oder einer Ahle ein kleines Loch. Danach schraubt ihr den Deckel, an dem der andere klebt, fest auf ein Glas.

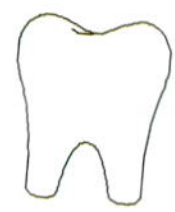

Der Sand sollte sehr fein sein. Ist er das nicht, siebt ihr ihn gründlich durch, damit keine groben Stücke wie Steinchen oder Holz darin enthalten sind. Mithilfe des Trichters füllt ihr den Sand in das zweite Glas, das ihr danach mit dem noch unverschraubten Deckel verschließt. Ihr habt jetzt zwei übereinanderstehende Gläser, die durch die Deckel verbunden sind.

Dreht ihr eure Sanduhr um, rieselt der Sand langsam durch das Deckelloch von dem oberen Glas in das untere. Legt eine gewünschte Zähneputzdauer fest, z. B. zwei Minuten. Mit der Stoppuhr lasst ihr während dieser Zeit den Sand durchlaufen. Sind die Minuten um, legt ihr die Gläser auf die Seite, sodass nichts mehr von einer Seite in die andere rieseln kann. Öffnet das Glas, das eben noch oben war, und entfernt den restlichen Sand. Wieder zuschrauben und fertig!

Auf die Plätze, fertig, putzen!

## Halloween-Kürbislaterne

***Das braucht ihr:*** *Kürbis in beliebiger Größe, spitzes Küchenmesser, Esslöffel, kleines Glas, Teelicht, schwarzen Filzstift*

Halloween ohne Kürbislaternen, die im Dunkeln gespenstisch leuchten? Unvorstellbar! Bastelt aus einem Kürbis einen Kopf, bei dessen Anblick es einen richtig gruselt!

Mit dem Filzstift malt ihr auf den Kürbisbauch ein Gesicht mit eckigen Augen und einem Dreieck als Nase. Für den Mund zeichnet ihr erst quer einen Schlitz auf, der noch einige einzelne und schief sitzende Stummel als Zähne bekommt.

Die Schale ist ganz schön hart. Vielleicht schneidet Mama am besten mit dem spitzen Küchenmesser das Gemüse oben so weit zackenförmig ein, bis ihr den Deckel abnehmen könnt. Das Fruchtfleisch schabt ihr mit dem Löffel aus dem Inneren heraus. Achtung, bloß nicht die Kürbiswand verletzen! Werft das gelbe Fleisch auf keinen Fall weg, denn damit lässt sich noch eine leckere Suppe kochen!

Ist der Kopf bis an die harte Schale leer gelöffelt, werden die aufgemalten Konturen im Gesicht vorsichtig mit dem Messer ausgeschnitten. Das ist gar nicht so einfach und ihr müsst mit dem scharfen Messer aufpassen, aber ihr werdet das bestimmt hinkriegen!

In das Innere des Kürbis stellt ihr das kleine Glas und sorgt durch leichtes Drehen dafür, dass es einen sicheren und geraden Stand hat. Dort hinein kommt das Teelicht. Als Tischschmuck für eure Halloweenparty sieht die Laterne echt cool aus. Besonders toll ist es, wenn ihr mehrere verschieden große Kürbisköpfe bastelt.

## Periskop bauen

***Das braucht ihr:** 1 Tetrapak®-Tüte (z.B. von Saft, Joghurt oder Milch), Schere, 2 kleine Taschenspiegel, doppelseitiges Klebeband, Malfarben, Pinsel*

Wer von euch spielt gerne Detektiv? Wäre es nicht praktisch, wenn ihr dafür ein Gerät hättet, mit dem ihr um die Ecke schauen könntet, ohne dass ihr bemerkt werdet? Oder wollt ihr unentdeckt über einen hohen Zaun spionieren? Sicher habt ihr schon einmal gesehen, dass U-Boote auf der Oberseite ein Rohr haben, das über die Wasserfläche hinausragt. Das Boot kann untertauchen und wird nicht mehr gesehen, während das Rohr immer noch über Wasser ist. Durch dieses Rohr können die Insassen des U-Boots sehen, was an der Wasseroberfläche vor sich geht, ohne dass sie von jemandem entdeckt werden. Sehr praktisch, oder? Dieses Sehrohr wird auch Periskop genannt. Bei einem U-Boot ist das ein ganz schön kompliziertes Gerät! Ihr könnt euch aber auf ganz einfache Weise ein eigenes Periskop bauen, das trotzdem genauso gut funktioniert. Während des Bastelns lernt ihr, diese spannende Technik zu verstehen.

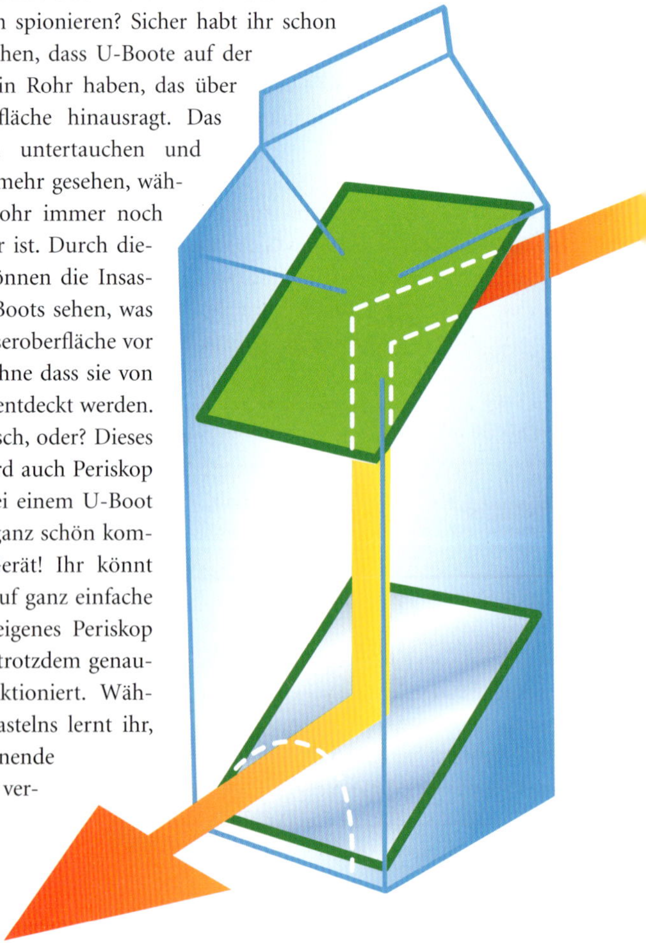

Mit der Schere schneidet ihr eine der langen Wände der Tetrapak®-Tüte an drei Seiten auf, sodass ihr sie wie eine Tür aufklappen könnt. Das erleichtert die nächsten Schritte.

Zuerst spült ihr die Verpackung sauber aus und klebt nach dem Trocknen den oberen Deckelfalz mit Klebeband zu. In die beiden Längsseiten, die sich rechts und links von eurer ausgeschnittenen Tür befinden, müsst ihr jetzt zwei Löcher machen. Das erste soll sich oben unterhalb des Verschlussfalzes in einer Größe von 2 x 3 Zentimetern befinden. Das zweite Loch kommt in der gleichen Größe in das untere Ende der gegenüberliegenden Seite. Diese beiden Öffnungen werden später eure Sehschlitze darstellen.

Auf die Rückseite der beiden Spiegel klebt ihr jeweils ein Stück Klebeband, sodass es ein Stückchen über die rechten und linken Seiten der Spiegel übersteht. Einen der Spiegel klebt ihr gegenüber dem oberen Sehschlitz schräg in die Ecke. In der Ecke, die der unteren Öffnung gegenüberliegt, wird der zweite Spiegel genauso befestigt.

Es ist wichtig, dass sich beide Spiegel im gleichen schrägen Winkel befinden und sich dadurch sozusagen anschauen können. Mit Klebeband klebt ihr anschließend die Seitentür fest zu. Wenn ihr mögt, könnt ihr das Periskop noch anmalen. Ein Tarnmuster in Grün- und Brauntönen bietet sich doch an, oder?

Nun könnt ihr das Periskop ausprobieren! Wenn ihr in das untere Loch schaut, wirft der obere Spiegel das Licht, das durch den oberen Sehschlitz fällt, auf den unteren Spiegel und ihr könnt um die Ecke sehen! Bestimmt fällt euch gleich ein passender Verwendungszweck ein. Lugt beispielsweise über die Hecke, um zu prüfen, ob der Nachbar gerade seinen Kirschbaum ableert und ihr vielleicht auch ein paar bekommt.

## SCHATZINSEL

**Das braucht ihr:** *Kartons, Zeitungen, Tapetenkleister, Kreppklebeband, mehrere Pinsel, Sperrholzplatte 80 cm x 80 cm, Grundierfarbe, weiße, blaue, graue und schwarze Farbe, 2 Holzstäbe (Durchmesser 1 cm), Säge, grünen Bastelfilz, Vogelsand, Haselnüsse, Flachkopfschrauben, Zahnstocher, schwarzen Karton, Heißklebepistole*

Auch Piraten brauchen ein Zuhause! Meistens bewohnen sie einsame und unbekannte Inseln, die nur auf seltenen Schatzkarten verzeichnet sind. Dort verstecken die Seeräuber ihre kostbare Beute, die aus Gold, Silber und Edelsteinen besteht, und feiern wilde Feste mit viel Rum! Habt ihr Lust, eure eigene Schatzinsel zu bauen?

Jede ordentliche Schatzinsel besitzt einen stattlichen Berg, der stolz aus ihrer Mitte ragt. Von dort können die Piraten mit ihren Fernrohren weit über das Meer sehen und Ausschau nach Schiffen mit reicher Beute halten. Mit Kartons und Zeitungspapier legt ihr die Grundform des Berges fest und fixiert diesen in der Mitte der Sperrholzplatte mit Kreppband. Da die Pirateninsel noch einen Strand bekommen soll, darf der Berg im Verhältnis zur Platte nicht zu riesig sein. Lasst an einer Seite des Hügels eine kleine offene Stelle, die später zur Höhle wird, in der ihr einen Schatz verstecken könnt.

Soll die Insel eine Bucht besitzen, in der die Piraten mit ihren Schiffen anlegen, dann formt an eurer Insel einen kleinen Bogen. Seid ihr zufrieden mit dem Ergebnis? Prima, dann rührt ihr den Leim in einem Verhältnis 1:1 mit Wasser an und lasst ihn gut quellen. Die Zeitung reißt ihr in Schnipsel und klebt diese stückchenweise mit dem Leim auf eure Bergkonstruktion. Auch die Innenwände der Höhle nicht vergessen! Diesen Vorgang wiederholt ihr, bis ihr mindestens drei Lagen übereinandergeklebt habt.

Ist alles getrocknet, grundiert ihr den Felsen und die Sperrholzplatte mit grauer und schwarzer Farbe. Die Platte verwandelt sich durch verschiedene Blautöne in das karibische Meer, kleine weiße Tupfer werden zu Wellenkämmen.

Für die Palmen sägt ihr die Holzstäbe in ungefähr zwanzig Zentimeter lange Stücke und malt sie braun an. Echter sieht es aus, wenn nicht jede Palme gleich groß ist. Aus grünem Bastelfilz schneidet ihr die Palmenblätter aus und klebt sie mit der Heißklebepistole oben auf den Stämmen fest, ebenso ein paar Haselnüsse, die eure Kokosnüsse sind. Die Palmen von unten durch die Platte anschrauben, sodass sie in einzelnen Gruppen in der Bucht stehen.

Es gibt einen tollen Strand, wenn ihr um den Berg herum feinen Vogelsand verteilt. Vergesst dabei nicht das Innere der Höhle! Am besten streicht ihr erst Leim auf und streut danach den Sand darauf. Trocknen lassen und das, was zu viel ist, absaugen oder wegpusten.

Über der Pirateninsel muss auf jeden Fall noch die schreckliche Piratenflagge wehen, die aus einem Zahnstocher und schwarzem Karton gebastelt wird. Auch der aufgemalte Totenkopf darf nicht fehlen, damit jeder weiß, wer auf dieser Insel wohnt!

Wenn alles fertig ist, können kleine Piratenfiguren einziehen und auf abenteuerliche Schatzsuche gehen!

## Ferien-Erinnerungsbuch

**Das braucht ihr:** *Heft oder Fotoalbum, Fotos, viele Erinnerungsstücke, Kleber, Stifte*

Könnten nicht das ganze Jahr über Ferien sein? Herrlich, diese Zeit ohne Schule, Arbeit und frühes Aufstehen! Vielleicht habt ihr in den letzten Ferien einen besonders schönen Urlaub verbracht, habt viele Fotos gemacht, tolle Sachen erlebt und manches Erinnerungsstück mitgebracht. Schade, dass diese Dinge jetzt unbeachtet in Schubladen oder Schachteln liegen. Eine bessere Idee ist es, wenn ihr aus all diesen Schätzen ein Ferien-Erinnerungsbuch bastelt!

Schon ein ganz einfaches Schulheft kann zu einem einzigartigen Album gestaltet werden. Natürlich eignen sich auch Ringbücher oder spezielle Fotoalben. Sucht euch das aus, was euch am besten gefällt.

Jetzt sichtet ihr eure Fundstücke. Das können Fotos von euch, eurer Familie, Freunden, der Unterkunft, Ausflügen und dem Lieblingsberg oder dem schönsten Strand sein. Lustige Schnappschüsse, die z. B. beim Herumalbern, Eisessen oder Baden entstanden sind, solltet ihr auch nicht vergessen. Was findet sich noch? Postkarten, die ihr gekauft habt, weil sie besonders schön sind? Eintrittskarten vom Zoo, der Bergbahn, dem Minigolfplatz, dem Schiff oder dem Schwimmbad? Kleine Broschüren mit Informationen über Ausflugsziele, die ihr besichtigt habt? Eine Landkarte aus eurem Urlaubsgebiet?

Ist alles zusammengetragen, sortiert ihr das Material und bringt es in eine Reihenfolge. Am besten beginnt ihr natürlich mit der Anreise, dann kommt der erste Tag, der erste Ausflug und so weiter.

Vielleicht habt ihr schon während des Urlaubs ein kleines Tagebuch geführt, in dem ihr kurz festgehalten habt, was ihr an den einzelnen Tagen unternommen habt. Das ist eine richtig tolle Grundlage! Habt ihr nicht? Macht nichts! Versucht einfach, euch alle zusammen daran zu erinnern, was ihr gemacht habt. Das wird toll, weil jedem von euch ein paar lustige Dinge einfallen werden, die der andere schon wieder vergessen hat.

Euer Lieblingsbild oder -foto schmückt die Titelseite. Darunter schreibt ihr das Urlaubsziel und das Datum der Ferien. Dafür könnt ihr einen besonders schönen Stift verwenden. Wollt ihr dem Deckblatt noch eine besondere Note geben, könnt ihr es auch zusätzlich bemalen oder bekleben. Schön ist auch eine dicke Kordel, die ihr längs zwischen den Seiten hindurchzieht und um den Buchrücken legt. Gut verknoten und mit Muscheln, Möwenfedern oder Steinchen vom letzten Strandurlaub schmücken.

Jetzt solltet ihr Seite für Seite vorbereiten, indem ihr eure Schätze erst einmal vor euch auf dem Tisch ausbreitet, um sie so anzuordnen, wie es euch am besten gefällt. So könnte man mit der Fotokopie einer Landkarte beginnen, auf die ihr eure Reiseroute einzeichnet, oder ihr nehmt ein Foto oder eine Postkarte von eurem Hotel oder Ferienhaus.

Seid ihr mit der Gestaltung der Seiten zufrieden, klebt ihr alles sauber ein. Besonders persönlich wird das Ferien-Erinnerungsbuch, wenn ihr auf den einzelnen Seiten witzige Kommentare und Geschichten aufschreibt oder auch ein paar kleine Zeichnungen anfertigt.

Wenn ihr beim Betrachten des Buches vor Sehnsucht seufzt, dann ist es euch gut gelungen!

## Mit dem Kopf durch die Wand

***Das braucht ihr:** weißen und schwarzen Zeichenkarton DIN A2, weichen Bleistift, weißen Stift, Schere, Klebefilm, helle Lampe, Stuhl*

Eine lustige Idee ist das Schattenzeichnen. Viel Spaß beim Malen eurer Porträts und dem Bewundern der fertigen Kunstwerke!

Legt zu Beginn fest, wer von euch zuerst das Modell und wer der Zeichner ist. Klar, dass nach dem ersten Durchgang gewechselt wird!

Stellt einen Stuhl seitlich vor eine freie Zimmerwand. Darauf setzt sich das Modell so hin, dass sein Gesicht im Profil vor der Wand zu sehen ist. Die Lampe platziert ihr mit etwas Abstand vor dem Stuhl, sodass der Lichtstrahl die Gesichtskonturen des Modells als Schatten auf die Wand wirft. Zur Beleuchtung eignet sich am besten ein Strahler, mit einer Halogenlampe funktioniert es aber ebenso. Probiert den Standort der Lampe aus, bis der Schatten richtig gut und klar zu sehen ist.

Mit Klebefilm klebt ihr jetzt den weißen Zeichenkarton so auf die Wand, dass der Schatten auf dem Karton landet. Die Oberfläche des Kartons ist viel glatter als Tapete und die Konturen erscheinen darauf noch genauer und klarer. Hat der Zeichner die Umrisse des Kopfes mit dem Bleistift auf dem Papier nachgezeichnet, darf das Modell aufstehen. Der Künstler entscheidet, ob das Bild so bleiben soll oder ob er es noch mit Buntstiften verschönern möchte.

Wenn das Porträt als Schattenriss erscheinen soll, nehmt ihr den schwarzen Karton und zeichnet die Konturen mit dem weißen Stift nach. Anschließend schneidet ihr diese mit der Schere aus.

Erkennt ihr euch wieder?

# Discokugel

***Das braucht ihr:*** *Plastikkugel (Bastelladen), alte CDs, Schere, Heißklebepistole oder anderen Kleber, stabile Schnur, größere Perle*

Welches Kind findet eine Party nicht cool? Aber für die Disco sind Kinder noch zu klein. Mit einer angesagten Dekoration, wie einer Discokugel, kann man aber tolle Partystimmung ins eigene Zuhause bringen. Bestimmt kennt ihr diese kultige Kugel, die sich zur Musik glitzernd in jeder Diskothek dreht. Erst wenn sich das Licht in den vielen Spiegelplättchen bricht und als bunte Reflexionen über die Wände gleitet, ist die Stimmung perfekt!

Grundlage ist eine Plastikkugel, die ihr in verschiedenen Größen in einem Bastelgeschäft oder im Baumarkt bekommt. Sie sollte aus zwei Hälften bestehen, die zusammengesteckt werden können.

Zuerst bestimmt ihr die Länge der Schnur, die zur Befestigung dient. Damit sie besser hält, nehmt ihr sie doppelt. Sollte die Plastikkugel am Boden kein Loch haben, dann bohrt ihr mit der Schere eines hinein. Durch diese Öffnung werden die beiden Enden der Schnur gefädelt und mit der Perle zusammen im Inneren verknotet, damit die Schnur nicht mehr herausrutschen kann. Beide Kugelhälften werden zusammengeklebt.

Mit der Schere zerschneidet ihr die CDs in viele kleine Schnipsel. Da das nicht so einfach geht, sollte dieser Schritt vielleicht von Ihnen gemacht werden, liebe Mama. Ihr kleiner Helfer klebt diese Stückchen dann dicht an dicht auf die gesamte Kugel. Nach dem Trocknen könnt ihr die Discokugel an der Decke aufhängen.

Jetzt kann die Party beginnen!

***Das braucht ihr:*** *Einladungskarten, Musikanlage mit CDs oder Computer, coole Dekoration, kleines Buffet, Getränke, Knabbersachen, evtl. Karaoke-Anlage*

Eine lustige Party, auf der mit Freunden Musik gehört, getanzt und gelacht wird, feiern Groß und Klein gern. Eine echte Disconacht ist aber etwas ganz Besonderes!

Schon die Einladungen solltet ihr so gestalten, dass eure Gäste wissen, was sie erwartet. Vielleicht schreibt ihr mit Glitzerstift oder Glimmer das Thema des Abends quer über die Vorderseite?

Jede Disconacht steht und fällt mit der Musik. Deshalb solltet ihr euch genügend Zeit nehmen, um ein passendes Programm zusammenzustellen. Entweder legt ihr ausgesuchte CDs neben die Anlage oder ihr speichert eure Musikwünsche hintereinander auf euren Computer. Jeder Gast könnte aber auch seine eigene Lieblings-CD mitbringen.

Am Morgen der Feier wird der Partyraum vorbereitet. Räumt dazu eine ausreichend große Fläche zum Tanzen frei und schafft auf Stühlen oder Bodenkissen genügend Sitzplätze. Wie wäre es, eine Discokugel (siehe Seite 57) als stilechte Dekoration zu basteln?

Über eine kleine Stärkung zwischendurch werden sich alle Gäste freuen. Kleine Mini-Pizza-Stücke sind dafür prima geeignet. Getränke und Knabbersachen wie Salzstangen und Chips dürfen ebenfalls nicht fehlen. Für großen Spaß sorgt auch eine Karaoke-Einlage. Falls ihr keine eigene Anlage habt, könnt ihr euch diese in Videotheken oder Büchereien zusammen mit den CDs der aktuellsten Hits ausleihen.

UND JETZT: LET'S DANCE!

# MAMA ALS KÖCHIN

# Fussballtorte

***Das braucht ihr:*** *8 Eier, 200 g Zucker, 150 g Mehl, 100 g Speisestärke, 2 Pck. Vanillepudding, 0,75 l Milch, Dose Pfirsiche oder Aprikosen (850 ml), 500 g Magerquark, 50 g Puderzucker, etwas Zitronensaft, 400 g Marzipan, grüne Lebensmittelfarbe, Krokant oder Schokostreusel, 11 rote und 11 grüne Gummibärchen*

Der kleine Fußballer hat Geburtstag oder sein Verein feiert ein Fest und Sie als Mama möchten noch einen Kuchen zaubern, wissen aber nicht, welchen? Eine Fußballtorte ist für beide Anlässe der absolute Hit und wird garantiert in nur einer Halbzeit restlos verputzt! Natürlich darf der kleine Fußballstar mithelfen, die Torte zu gestalten.

Heizt den Ofen auf 180 Grad Celsius (Umluft 150 Grad Celsius) vor. Für den Biskuitteig werden die Eier vorsichtig getrennt. Schlagt das Eiweiß in einer Schüssel so lange mit einem Handmixer steif, bis es sich mit einem Löffel zu langen Spitzen ziehen lässt. In einer zweiten Schüssel verrührt ihr mit dem Handmixer die Eigelbe mit acht Esslöffeln heißem (aber nicht kochendem) Wasser, lasst dabei den Zucker ganz langsam hineinrieseln und schlagt die Masse dickschaumig, bis sich der Zucker aufgelöst hat. Wann es so weit ist, erkennt ihr an der helleren Farbe des Eigelbs. Das Eiweiß kippt ihr wie einen Berg darauf und hebt es mit einem Kochlöffel vorsichtig unter. Wichtig: Wenn ihr das mit dem elektrischen Handmixer macht, fällt der Teig in sich zusammen! Mehl und Speisestärke mischen, einmal durchsieben, damit sich keine Klümpchen bilden, und ebenfalls unterheben. Den Teig in zwei Portionen auf ein mit Backpapier ausgelegtes Backblech streichen und ungefähr 15 bis 18 Minuten backen. Jetzt ist Mama an der Reihe: Stürzen Sie die heißen Platten sofort nach dem Backen auf zwei mit Zucker bestreute Geschirrtücher und ziehen Sie das Backpapier ab. In Ruhe auskühlen lassen.

Aufatmen! Das Schwierigste ist geschafft! Für die Füllung kocht ihr den Vanillepudding nach Anleitung, nehmt aber nur einen Dreiviertelliter Milch dazu. Das abgetropfte Obst würfeln und unter den Quark rühren. Den

kalten Pudding hebt ihr ebenfalls unter und streicht die Masse auf eine der selbst gebackenen Biskuitplatten. Mit der zweiten Platte abdecken, leicht andrücken und über Nacht kalt stellen.

Am nächsten Tag bestreut ihr die Seiten der Torte mit Krokant oder Schokostreuseln. Bis auf ein erbsengroßes Stück verknetet ihr das Marzipan mit der Lebensmittelfarbe und färbt es dadurch grasgrün. Rollt es auf Plattengröße aus und legt es auf den Kuchen. Für die Verzierung den Puderzucker mit etwas Zitronensaft zu einer möglichst zähen Masse verrühren. Die Masse füllt ihr in einen Gefrierbeutel mit einem kleinen Loch in einer Ecke. Nun könnt ihr mit der Glasur das Spielfeld und die anderen Spielmarkierungen auf den Rasen zeichnen. Wer möchte, kann noch die Eckfähnchen aus Papier und Zahnstochern basteln und auf der Fußballtorte platzieren. Die Gummibärchenmannschaften nehmen ihre Positionen auf dem Spielfeld ein und bekommen die Marzipanerbse als Fußball dazu.

Bestimmt warten jetzt schon alle auf den Anpfiff zum Essen!
Guten Appetit!

## Joghurt selbst herstellen

***Das braucht ihr:** 1–2 große Schraubgläser (0,5 l), Milch, Becher Naturjoghurt, nach Bedarf Früchte oder Marmelade*

Selbst gemachter Joghurt ist einfach lecker! Das Beste ist: Ihr braucht keine spezielle Maschine, um ihn schnell und leicht mit eurem persönlichen Lieblingsgeschmack herzustellen. Euer Joghurt ist frei von Farb-, Geschmacks- und Konservierungsstoffen. Preiswert und gesund ist er obendrein! Gleichzeitig bekommt Ihr Kind auch einen praktischen Einblick, wie Lebensmittel entstehen, die es im Supermarkt im Regal sieht.

Die Schraubgläser müssen gut ausgespült und trocken sein und sollten Deckel haben, die gut schließen. Wahrscheinlich ist es am besten, die Gläser vor dem Gebrauch auszukochen.

Ob ihr H-Milch oder Milch mit 3,5 % Fettgehalt verwendet, ist egal. Auch Sojamilch eignet sich gut. Nehmt einfach, was ihr am liebsten mögt und vertragt. Die Milch einmal aufkochen und auf handwarme Temperatur (ca. 37 Grad Celsius) abkühlen lassen. Füllt sie dann in die Schraubgläser, rührt zwei Esslöffel Naturjoghurt unter, schraubt die Gläser gut zu und wickelt sie in Handtücher ein. Jetzt für etwa acht Stunden ab damit ins Bett unter die Bettdecke. Wer will, kann auch noch eine Wärmflasche dazulegen. Durch die Wärme wachsen die im Naturjoghurt enthaltenen Bakterien und wandeln die Milch in Joghurt um. Wenn der Joghurt fertig ist, stellt ihr ihn in den Kühlschrank.

Ob pur, mit frischem Obst oder Marmelade – dieser Joghurt wird euch bestimmt schmecken! Bevor ihr alles auffuttert, lasst noch ein paar Esslöffel davon übrig, damit ihr mit dem Rest wieder eine neue Kultur anlegen könnt.

## Oberleckeres Schokofondue

***Das braucht ihr für 4 Personen:*** *200 g flüssige Sahne, 250 g Schokolade, frische Früchte, Garnitur (z. B. Nüsse, Mandeln)*

Die Zubereitung eines Schokoladenfondues ist eine süße Beschäftigung in jedem Alter – wer ist schon zu alt zum Naschen?

Fast alle Früchte – ob Erdbeeren, Bananen, Ananas, Weintrauben oder Mandarinen – sind geeignet. Hauptsache ist, sie matschen nicht so schnell. Eine Mischung aus verschiedenem Obst sieht schön appetitlich und lecker aus und ist dazu sehr gesund! Die einzelnen Früchte werden gewaschen, eventuell geschält und in kleine mundgerechte Stücke geschnitten.

Bei der Schokolade habt ihr die Qual der Wahl: Vollmilchschokolade mögen die meisten Kinder, da sie nicht so bitter ist, aber auch weiße Schokolade hat ihre Liebhaber. Die Sahne wird auf der Herdplatte langsam bei geringer Temperatur erhitzt. Nachdem sie einmal gekocht hat, gebt ihr die in Stückchen gebrochene Schokolade dazu und lasst sie langsam schmelzen. Vorsichtiges Umrühren mit einem Kochlöffel verhindert, dass etwas am Topfboden anbrennt.

Ist alles eine flüssige und gleichmäßige Masse, stellt ihr den Topf mit einer Unterlage auf den Tisch zu dem bereits hübsch angerichteten Obst. Kleine Schüsseln mit Garnitur, wie z. B. Haselnüsse, Mandeln, Pistazien oder Schokoladenstreusel, machen das Fondue perfekt!

Jeder bekommt eine Fonduegabel, spießt sich ein Stückchen Obst auf, taucht es in die Schokolade und kann es dann noch in der Garnitur wälzen.

Allen Schleckermäulchen einen guten Appetit!

## Gefährlich-leckere Piratenmuffins

*Das braucht ihr für 12 Muffins:* *125 g Butter, 100 g Zucker, 2 EL Vanillezucker, 2 Eier, Buttervanille-Aroma, 250 g Mehl, 2 TL Backpulver, 100 ml Milch, rote Lebensmittelfarbe, Marzipandecke, Papierförmchen, Lakritzschnecke, Schokotaler, Kuvertüre, kleinen Gefrierbeutel*

Steht ein Kindergeburtstag oder Fasching an? Wie wäre es dann mit einem Piratenmuffin oder anderen lustigen Gesellen?

Während der Ofen auf 180 Grad Celsius (Umluft) vorheizt, rührt ihr die Eier mit Butter, Zucker, Vanillezucker und vier Tropfen des Buttervanille-Aromas schaumig. Das Mehl mit dem Backpulver vermischen und abwechselnd mit der Milch unter die Masse rühren.

Den glatten Teig verteilt ihr gleichmäßig auf eine mit zwölf Papierförmchen ausgelegte Muffinform und schiebt sie für ca. 25 Minuten in den Ofen. Aus der ausgerollten Marzipandecke stecht ihr mit einem Wasserglas zwölf Kreise aus, die später als Gesicht über die ausgekühlten Muffins gelegt werden. Die Reste des Marzipans verknetet ihr zusammen mit einigen Tropfen roter Speisefarbe und rollt das Ganze dünn aus. Mit einem kleineren Glas sechs Kreise ausstechen, die halbiert als Kopftücher auf dem Marzipankopf landen. Ein Schokotaler wird zur Augenklappe, als Bänder der Klappe dienen kleine Stücke der Lakritzschnecke.

Der Mund besteht aus kleinen Rollen, die ihr aus dem restlichen roten Marzipan formt. Füllt die erwärmte flüssige Kuvertüre in den Gefrierbeutel, in den ihr an einer Ecke ein kleines Loch schneidet. Nun könnt ihr, wie mit einem Stift, das andere Auge und die Nase malen. Schnell noch ein paar Bartstoppeln an das Kinn, und fertig ist euer Piratenmuffin!

***Das braucht ihr:*** *Essen*

Bestimmt erinnern Sie Ihren Sohn auch oft daran, dass man mit dem Essen nicht spielen soll. Aber es macht doch sooo viel Spaß! Vielleicht können Sie ja an einem besonderen Tag eine Ausnahme machen und zusammen mit Ihrem Sohn und dem Essen spielen. Die Regeln lauten so:

Ihr beide sitzt am Tisch oder beim Picknick auf der Wiese und esst, was euch am besten schmeckt. Immer abwechselnd darf einer bestimmen, wie gegessen wird. Ihr habt die Auswahl zwischen Stopp, Feuerwehr, Feine Dame, Räuber und Schnecke.

Bei „Stopp“ muss der andere einfach mitten in der Bewegung stoppen – solange bis der andere „weiter“ sagt. Bei „Feuerwehr“ muss man gaaaaaaaaanz schnell essen. „Feine Dame“ heißt, dass man ganz vornehm ist, also gerade hinsetzen, Finger von der Tasse abspreizen usw. – wie eine feine Dame eben! Wenn „Räuber“ gerufen wird, dürft ihr ganz wild essen: Nehmt die Finger, packt richtig zu, macht laute Geräusche beim Essen und vielleicht tropft euch sogar die Soße vom Kinn! Wenn sich einer die „Schnecke“ aussucht, esst ihr wirklich ganz langsam – im Schneckentempo.

Natürlich darf man nicht zu lange warten, bis man den anderen von seiner Aufgabe erlöst, aber bestimmt werdet ihr euch kringelig lachen! Vielleicht ist es besser, wenn ihr nicht unbedingt eure neueste Kleidung dafür anzieht. Die Servietten in Reichweite zu haben, ist sicher auch eine gute Idee.

Viel Spaß beim Kleckern!

## Stockbrot am Lagerfeuer

***Das braucht ihr für 4 Personen:***
*350 g Mehl, 1 Pck. Backpulver,*
*Prise Salz, 40 g Butter oder Margarine,*
*1 Ei, 100 ml Milch, lange Holzstäbe*

Wer liebt nicht die Atmosphäre an einem Lagerfeuer? Für Kinder und Erwachsene ist es ein spannendes und unvergessliches Erlebnis, wenn sie dort, wie schon zu uralten Zeiten, gemeinsam sitzen und essen.

Alle Zutaten außer der Milch zu einem leicht krümeligen Teig verarbeiten. Danach gebt ihr die Milch dazu und rührt sie gut unter. Das war es schon! Ob Lagerfeuer, Feuerkorb oder Holzkohlegrill – Wichtig ist, dass die Kinder in ihrer Begeisterung nicht vergessen, wie heiß und gefährlich Feuer ist. Also: Vorsicht!

Ist kein metallener Grillspieß vorhanden, sucht sich der echte Cowboy das, was die Prärie ihm bietet: lange dünne Stöcke, die vorne angespitzt und so gesäubert werden. Die Devise sollte lauten: Je größer das Feuer, desto länger der Stock! Jetzt den Teig zu einer Wurst rollen, um die Spitze des Stocks wickeln und über das Feuer halten.

Es gibt keine Zeitangabe, wann das Brot fertig gebacken ist. Aber selbst wenn es zum Teil verbrannt ist, lieben es die Kinder, das dampfende Brot vorsichtig von ihren Stöcken zu knabbern. Stellen, die zu schwarz geworden sind, einfach ein bisschen abkratzen.

Natürlich könnt ihr auch frische Kräuter in den Teig rühren oder etwas Zucker für eine süße Variante.

# Marshmallow-Cocktail

***Das braucht ihr für 4 Portionen:*** *1 l Milch, Kakaopulver nach Geschmack, 1 TL Vanillezucker, Prise Kardamom, kleine Marshmallows*

Nach einem langen Spaziergang an der kalten Luft kehrt ihr durchgefroren wieder heim. Jeder von euch freut sich darauf, schnell ins Warme zu kommen, es sich so richtig gemütlich zu machen und auch von innen aufzuwärmen. Ein heißer Kakao ist dafür toll geeignet. Aber der ist auch ein bisschen langweilig. Überrascht eure Familie doch einmal mit einer Variante, die alle lieben werden!

Aus Milch und Kakaopulver wird unter Zugabe von Vanillezucker und dem Kardamom ein Kakao gekocht und auf vier Becher verteilt. Füllt die Becher dabei nicht ganz voll, damit ihr als Krönung noch ein paar kleine Marshmallows darauflegen könnt. Noch ein bisschen Kakaopulver drüberstreuen und fertig!

Zu diesem Rezept gibt es noch eine ganz besondere Variation! Dazu hackt ihr je hundert Gramm Vollmilch- und Zartbitterschokolade in Stückchen und löst sie in der heißen Milch auf. Gebt Vanillezucker und eine Prise Kardamom dazu und füllt das Ganze in die Becher. Obendrauf kommen wieder die Minimarshmallows. Bestäubt das fertige Getränk mit ein wenig Zimt und serviert es heiß!

Da die Schaumkügelchen schon sehr süß sind, braucht ihr übrigens keinen weiteren Zucker mehr.

Jetzt lehnt euch entspannt zurück und genießt es, durch die teilweise geschmolzenen Marshmallows euren Kakao zu trinken! Wetten, dass morgen alle wieder spazieren gehen wollen?

## Wohnzimmerpicknick an Regentagen

***Das braucht ihr:*** *Decke oder Bettlaken, kleine Kissen, leckeres Essen und Getränke*

Es regnet und regnet. Eigentlich wolltet ihr doch draußen ein Picknick machen! Nicht verzweifeln, sondern umdenken! Warum nicht das Wohnzimmer zum gemütlichen Picknickplatz umgestalten? Schafft einen freien Raum auf dem Fußboden, der euch allen bequem Platz bietet, und breitet eine Decke oder ein Betttuch darauf aus. Rundherum werden viele verschiedene Kissen platziert, damit ihr es euch ganz kuschelig machen könnt.

Wenn es draußen schon dunkel sein sollte, könnt ihr das Wohnzimmer mit Windlichtern gemütlich und warm beleuchten. Auf jeden Fall sollte die helle Deckenlampe ausgeschaltet bleiben. Falls es draußen nicht zu kalt ist, öffnet ein Fenster oder macht die Balkon- oder Terrassentür auf, um dem Regen zu lauschen, während ihr gemütlich im Trockenen sitzt.

Bei einem Picknick spielt das Zusammensein eine größere Rolle als die Mahlzeit selbst. Trotzdem sollte das Essen natürlich lecker sein und auch so aussehen! Ihr müsst nun aber kein aufwendiges Buffet auftischen! Ein paar liebevoll belegte und in Häppchen geschnittene Wurst- und Käsebrote, die hübsch dekoriert auf einem großen Teller liegen, ein paar Gewürzgurken, in Streifen oder in Stücke geschnittene Paprika, Tomaten und Äpfel bieten Abwechslung und machen auch schlechten Essern Appetit. Oder wie wäre es mit hart gekochten Eiern, Weintrauben, Würstchen und dem Lieblingssalat? Auch ein paar süße Schleckereien wie Pudding, Eis oder Schokoküsse nicht vergessen!

Die Picknickgesellschaft sollte bequem angezogen sein und keine Schuhe tragen. Vielleicht habt ihr Lust auf ein Schlafanzug-Picknick in Socken? Wie auch immer – ihr solltet euch alle wohlfühlen und entspannt sitzen können. Jeder von euch bekommt einen Teller mit Besteck und einen Becher oder ein Glas mit seinem Lieblingsgetränk. Endlich geht es los! Je mehr Familienmitglieder oder Freunde dabei sind, umso lustiger wird das Picknick. Jeder darf sich das nehmen, was er am liebsten mag. Auf dem Boden sitzen und kleine Happen mit den Fingern essen – das mögen auch Kinder, die sonst nicht lange still am Tisch sitzen bleiben.

So ein Picknick lässt auch Zeit für Geschichten und Spiele. Erzählen Sie doch mal von Ihren eigenen Ferienabenteuern und Picknickerlebnissen Ihrer Kindheit, liebe Mama.

Erfindet gemeinsam eine lustige und spannende Geschichte, z.B. von der Regenhexe. Oder stellt euch vor, ihr sitzt an einem Lagerfeuer in einer Höhle. Vielleicht seid ihr lieber in der weiten Savanne Afrikas, wo ihr in der Dunkelheit die verschiedensten Tiere brüllen hört? Richtig viel Spaß macht es, wenn jeder einen Teil der Geschichte erzählt.

Wenn alle satt sind und ein bisschen müde werden, kann man auf den Kissen schon ein wenig mit seiner Lieblingsdecke kuscheln. So lauscht es sich beim Geschichtenerzählen besonders entspannt. Und dann ist es auch bald Zeit fürs Bett.

# Leckere Löffelkekse

***Das braucht ihr:*** *350 g Mehl, 1 TL Backpulver, 180 g Zucker, 1 Pck. Vanillezucker, 2 Eier, 250 g weiche Butter, 200 g Cornflakes, 100 g Schokoraspel, evtl. Rosinen*

Zu jeder Jahreszeit genießen es Kinder, Teig zu kneten. Spätestens, wenn sich der Plätzchenduft durch die Räume zieht, läuft einem das Wasser im Mund zusammen. Gerade bei Regenwetter heißt es oft: „Mir ist sooo langweilig! Was soll ich nur tun?“ Also: Finger waschen, Schürze umbinden und los gehts!

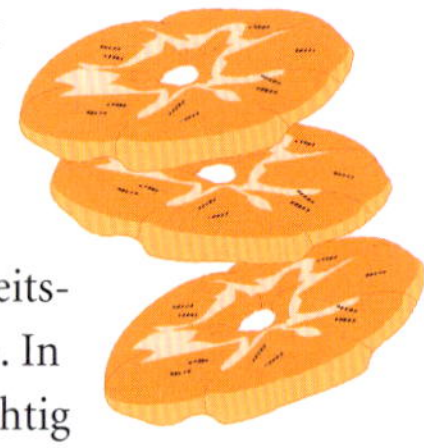

Mehl, Backpulver, Zucker und Vanillezucker auf die Arbeitsfläche geben und in die Mitte eine kleine Kuhle drücken. In diesen Vulkankegel gebt ihr die beiden Eier, die ihr vorsichtig aufgeschlagen habt. Rundum auf dem Rand verteilt ihr die Butter in kleinen Flocken. Jetzt ist körperlicher Einsatz des kleinen Bäckers gefragt! Einfach klasse, wie es sich anfühlt, wenn die Butter durch die kleinen Finger gequetscht wird; lustig, wie das Eigelb sich wie Lava seinen Weg über den Mehlberg sucht! Es macht Spaß zuzusehen, wie sich der Matschberg plötzlich zu einem Teig formt. Schnell Cornflakes und Schokoraspeln darunterkneten.

Gebt mit zwei Teelöffeln kleine Teighäufchen auf ein mit Backpapier belegtes Backblech. Dazwischen etwas Platz lassen, da die Plätzchen beim Backen größer werden. Im vorgeheizten Backofen bei 200 Grad Celsius Ober-/Unterhitze ca. 15 bis 20 Minuten backen, bis die Löffelkekse leicht goldgelb sind. Anschließend lasst ihr sie auf einem Kuchengitter auskühlen.

Jetzt kommt das Beste: Genießen! Mmmh!

# MAMA ALS GÄRTNERIN

# Naschgarten anbauen

***Das braucht ihr:*** *einen Pflanzplan, verschiedene Obst- und Gemüsepflanzen, Obstbäumchen, Pflanzen für die Beeteinfassungen, einige Gartenwerkzeuge (z. B. Spaten, Hacke, Harke, kleine Schaufel), Gießkanne, Bindebast oder -draht*

Echte Naschkatzen erkennt man an dem genießerischen „Mmmhhh", wenn sie mit geschlossenen Augen ganz langsam Schokolade im Mund zergehen lassen. Es müssen aber nicht immer Süßigkeiten sein, die solchen Genuss bereiten. Auch ein kleiner Naschgarten bietet ganz viele Köstlichkeiten. Das Gärtnern macht euch außerdem bestimmt viel Freude, besonders wenn die Arbeit und Mühe vom Frühjahr mit süßen Früchten im Sommer und Herbst belohnt werden!

Mit einer kleinen Planskizze fällt das spätere Bepflanzen leichter. Zeichnet deshalb auf einem Stück Papier ungefähr das Gartenstück auf, das ihr bepflanzen wollt, und teilt die Beete ein. Beispielsweise könntet ihr die Fläche in vier Quadrate aufteilen, die durch einen kleinen kreuzförmigen Weg voneinander abgetrennt sind. Soll das möglichst sonnige Gärtchen umzäunt werden, plant die Begrenzung gleich als Rankgerüst für Beeren oder für Spalierobst ein. Besonders hübsch sieht es aus, wenn die einzelnen Beete noch eine Einfassung bekommen. Lavendel, Minze oder Buchsbaum eignen sich dafür gut und schützen eure Pflanzen zusätzlich ein wenig vor Schnecken und anderen Vielfraßen.

Welche Obstsorten bieten sich zum Pflanzen an? Stachel- und Johannisbeeren gibt es in vielen Sorten und Farben. Man kann sie auch als Hochstämmchen bekommen, die sehr dekorativ und praktisch zum Pflücken sind. Eine Pflanze pro Beerenart reicht aus, weil an jedem Strauch viele Beeren wachsen.

Auf keinen Fall dürfen mehrere Reihen mit Erdbeeren fehlen. Nehmt auch zwei oder drei Walderdbeerpflanzen, die zwar kleiner, aber dafür besonders süß sind. Himbeeren und dornenlose Brombeeren können am Zaun ranken und laden zum Probieren ein. Ist genügend Platz vorhanden, können dort auch Bäumchen mit Spalierobst wachsen. Leckeres und knackiges Gemüse wie Zuckererbsen, Karotten oder Radieschen könnt ihr ebenfalls roh knabbern, nachdem es kurz gewaschen wurde.

Habt ihr euch überlegt, was alles in eurem Naschgarten angepflanzt werden soll, kann es losgehen! Zeigt eure Liste in einer Gärtnerei oder Baumschule vor und lasst euch dort sagen, ob die Pflänzchen auf die von euch gewählte Fläche passen. Ihr bekommt dort auch prima Tipps für das Setzen und die Pflege eurer Schützlinge, denn auch die Anzahl der Pflanzen und ihr richtiger Abstand voneinander sind wichtig!

Ohne Fleiß kein Preis! Jetzt muss das ausgesuchte Gartenstück vorbereitet werden. Grabt den Boden spatentief um und entfernt das ausgehobene Unkraut und Wurzelwerk. Die dicken Erdbrocken werden so lange mit der Harke hin- und hergeschoben, bis die Erde feinkrümelig vor euch liegt. Dann müsst ihr Löcher buddeln, jeweils ein Pflänzchen hineinsetzen und etwas angießen. Ist das Beet fertig, gießt ihr alles noch einmal tüchtig.

Jetzt braucht ihr ein wenig Geduld, bis die Früchte in eurem Garten zum Naschen reif sind! Ist eure Ernte sehr üppig, könnt ihr von dem, was nicht in euren Bäuchen verschwunden ist, prima Marmelade oder Saft kochen oder einen leckeren Kuchen backen.

## Indianertipi aus Stangenbohnen

***Das braucht ihr:*** *einige ca. 3 m lange Stangen, Strick, Pflanzensamen für Stangen- oder Feuerbohnen*

Ist ein eigenes Indianerzelt nicht der Traum der meisten Kinder? Sie lieben so eine kuschelige Höhle, in der es sich gut verstecken und spielen lässt, einen geborgenen Ort, an dem sie sich mit ihren Freunden treffen und Geschichten erzählen können. Das hier vorgeschlagene Indianertipi stellt die kleine und günstige Ausführung eines herkömmlichen Zeltes dar. Ihr Kind kann bei der Errichtung helfen und gleichzeitig lernen, wie aus Saatgut mit ein wenig Pflege Pflanzen wachsen und gedeihen. Im Sommer lassen sich die Früchte der Arbeit auch noch ernten und die Bohnen schmecken nach der ganzen Mühe bestimmt doppelt lecker!

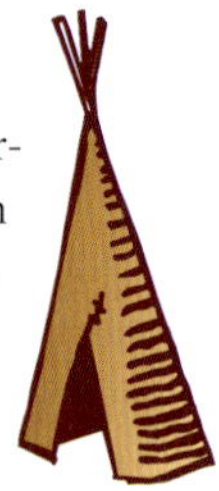

Die geeignetste Zeit zum Bauen des Tipis in eurem Garten sind die Monate April und Mai, weil dann das Saatgut am besten keimt. Bitte denken Sie daran, liebe Mama, dass rohe Stangenbohnen giftig sind, also auf keinen Fall ungekocht gegessen werden dürfen! Wenn Sie sich für diese Bohnenart entscheiden, sollte Ihr Kind deshalb besser schon im Grundschulalter sein. Ist Ihr Kind noch jünger, ist das Säen von Kapuzinerkresse eine gute und ungiftige Alternative.

Durch einen markierten Kreis auf dem Boden legt ihr den Umfang für das Indianerzelt fest. Hier wird die Erde entlang der Kreislinie spatentief umgegraben, damit die Bohnensamen dort eingepflanzt werden können. Ist der Boden an dieser Stelle zu karg, mischt ihr ein wenig Kompost oder Blumenerde als Dünger darunter.

Die Anzahl der verwendeten Stäbe richtet sich danach, wie dicht bewachsen ihr das Tipi später haben wollt. Nun ist von allen Muskelarbeit gefordert! Die fünf bis sieben langen Stangen werden entlang der Kreislinie verteilt und tief in den vorbereiteten Boden gesteckt, damit sie auch bei einem Sturm standhalten können. Dabei stehen die Stäbe leicht schräg zueinander, sodass sie sich, wie bei einem echten Indianerzelt, oben leicht überkreuzen. An dieser Stelle bindet ihr die Stangen mit einer robusten Schnur fest zusammen.

Schon ist das Grundgerüst fertig! Lasst eine Stelle für euren Eingang frei, in den übrigen Graben legt ihr ausreichend Pflanzensamen etwa zwei Zentimeter tief in die lockere Erde. Krümelt ein wenig Erde darüber, bis alles bedeckt ist. Damit eure Bohnen gut keimen können, müssen sie nun tüchtig gegossen werden!

Wenn ihr die Pflanzen immer schön mit Wasser versorgt, ist das Gerüst spätestens Ende Juni oder Anfang Juli zu einem dichten, grünen Zelt zusammengewachsen. Für eure Arbeit und Pflege werdet ihr außerdem mit vielen Bohnen belohnt. Pflückt sie und bereitet daraus ein echtes Indianeressen zu!

## KRÄUTERSCHNECKE

**Das braucht ihr:** *Gartenerde, evtl. Kompost oder Blumenerde, Holzpflock, 50 cm Schnur, 2 große und 2 kleine Schaufeln, Feldsteine, verschiedene Kräuterpflanzen, Gießkanne*

Was wären eure Lieblingsgerichte ohne frische Kräuter? Wenn ihr das nächste Mal Pizza oder Spaghetti zubereitet, könnt ihr die Kräuter zum Kochen ganz frisch aus dem Garten holen. Eine selbst gebaute Kräuterspirale bietet auf kleiner Fläche nicht nur vielen Gewürzpflanzen ein Zuhause, sondern ist außerdem ein hübscher Blickfang.

Ein sonniges Plätzchen in eurem Garten ist für den Bau der ideale Standort! Befestigt die Schnur an dem Pflock und zieht damit einen Kreis mit ungefähr einem Meter Durchmesser. Der Außenrand dieses Kreises ergibt die Größe eurer Kräuterspirale.

Bevor es weitergeht, überprüft ihr am besten die Qualität der Gartenerde, die ihr zum Bepflanzen verwenden wollt. Ist sie zu sandig oder lehmig, mischt einfach etwas feinen Kompost oder gute Blumenerde aus der Gärtnerei darunter. Sollten sich größere Steine in der Erde befinden, sammelt sie heraus und verwendet sie später für die Befestigung.

Jetzt wird es anstrengend! Mithilfe der großen Schaufeln häuft ihr mit der Gartenerde einen Hügel von ca. 70 Zentimetern Höhe auf. Damit euch die Seiten dieses kleinen Bergs nicht wegrutschen, klopft ihr sie zwischendurch immer ein wenig fest. Seid ihr mit eurem Bauwerk zufrieden? Dann drückt ihr mit der Rückseite einer kleinen Schaufel sanft eine Spirale in die Erde, die sich von der Hügelspitze abwärts bis ganz nach unten an den Fuß des Berges windet. Jetzt sieht der Hügel wie ein Schneckenhaus aus! Wenn er zwei Etagen bildet, reicht das zur Bepflanzung aus.

Bevor ihr eure Kräuter in diese Spirale pflanzt, wird der übrige Erdwall mit Steinen befestigt. Mit faustgroßen Feldsteinen wird zuerst die unterste Schicht gelegt. Grabt sie halb in die Erde ein, damit sie einen guten Halt geben. Die anderen Steine drückt ihr entlang eurer Schneckenform in die Erde, bis hoch zur freien Bergspitze. Die Steine verhindern nicht nur das Abrutschen eures Beetes, sondern speichern auch die Sonnenwärme und lassen die Kräuter dadurch besonders gut wachsen.

Kräuterpflanzen bekommt man in kleinen Töpfen in jeder Gärtnerei in großer Auswahl angeboten. Sucht euch aus, was ihr mögt: Kerbel, Thymian und Rosmarin lassen sich vielfältig verwenden und geben leckeren Kartoffelgerichten den letzten Kick. Was wären Spaghetti ohne eine selbst gekochte Soße mit Oregano und Basilikum? Petersilie, Dill und Schnittlauch schmecken im Salat oder Dip.

Pflanzt die ausgesuchten Kräuter in genügend großem Abstand voneinander ein, denn die kleinen Pflänzchen werden schnell größer! Wenn ihr sie regelmäßig gießt, könnt ihr bald jeden Tag mit einer Schere ganz bequem die Menge ernten, die ihr braucht. Bestreicht z. B. eine Scheibe Bauernbrot mit Quark, legt Tomatenscheiben darauf und streut frische Kräuter darüber. Lecker!

## Teich anlegen

**Das braucht ihr:** *Gartenschlauch, Spaten, Schaufel, dicke Folie (Teichfolie oder Reste einer alten Plane), Sand, Feldsteine, Eimer*
**Das braucht ihr für die Variante:** *Sandkasten, Wäschekorb oder Plastikwanne, Sand, kleine Dosen, Schüsseln oder kleine Wannen aus Kunststoff*

Lähmende Sommerhitze und wolkenloser Himmel! Es ist so heiß, dass ihr nicht wisst, was ihr draußen machen sollt? Wäre es nicht herrlich, wenn ihr jetzt in kühlem Wasser planschen könntet? Mit diesem Vorschlag lässt sich schnell eine flache Wasserstelle bauen, die sich prima zum Toben und Erfrischen eignet. Für Fische und Wasserpflanzen ist sie allerdings nicht tief genug.

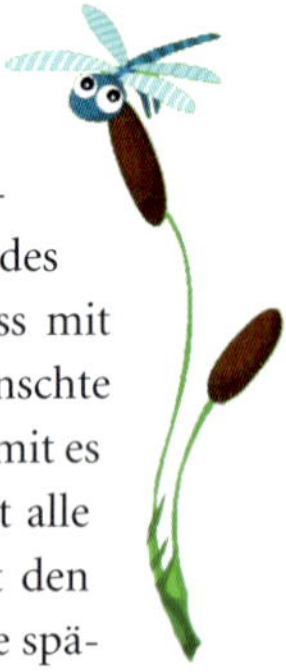

Habt ihr eine passende Stelle in eurem Garten für den Spielteich ausgesucht, legt ihr mit einem Seil oder dem Gartenschlauch dessen geplante Größe und Form fest. Mit Spatenstichen entlang dieser Linie markiert ihr grob die Umrisse des Teichs. Jetzt braucht ihr eure Muskeln, denn die Erde muss mit Schaufeln herausgebuddelt werden, bis das Loch die gewünschte Tiefe hat. Die Ränder eures Teiches sollten flach auslaufen, damit es keine hohen Stufen als Stolperfallen gibt. Entfernt möglichst alle sichtbaren Steine und Wurzeln aus der Grube und polstert den Boden der Mulde mit Sand schön weich aus, damit eure Folie später keine Löcher bekommt.

Nun muss die Folie mit Schwung in die Teichgrube gelegt werden. Drückt sie möglichst flach und ohne größere Falten in die Form und lasst sie noch ein Stück über den Teichrand ragen. Diesen Rand versteckt ihr unsichtbar, indem ihr Sand daraufschaufelt. Dadurch ist die Folie auch gleich befestigt, sodass sie nicht mehr wegrutschen kann. Zwar lassen sich dafür ebenso Steine verwenden, aber auf Sand fällt es sich weicher, falls ihr einmal ausrutscht.

Alles fertig? Dann könnt ihr jetzt den Teich mit Wasser füllen.

Bei allem Spaß, den der Teich bringen wird, sollten Sie, liebe Mama, einige wichtige Punkte bedenken! Ein Teich wird am besten erst dann angelegt, wenn das kleinste Kind im Haus schwimmen kann. Ist das noch nicht der Fall oder kommen fremde Kleinkinder zu Besuch, ist Aufsicht das oberste Gebot! Sichern Sie die Wasserstelle mit einem Gitter für die Zeit, in der Sie nicht aufpassen können bzw. die Kleinen nicht am Wasser sein sollten. Sicher ist sicher!

Für kleinere Kinder gibt es eine Variante, die sich übrigens auch gut eignet, wenn kein Gartenstück in der passenden Größe zur Verfügung steht. Grabt in euren Sandkasten einige Löcher und stellt mehrere kleine Plastikdosen oder kleine Wannen mit Wasser hinein. Das funktioniert auch ohne Sandkasten, wenn ihr stattdessen eine Plastikbadewanne oder einen Wäschekorb (ohne Löcher!) mit Sand füllt und eure Wasserinseln hineingrabt.

Egal für welche Variante ihr euch entschieden habt – jetzt können kleine Boote und Floße aus zusammengebundenen Ästchen fahren. Piraten erobern mit ihren Schiffen den Ozean und vergraben am Ufer der Pirateninsel ihre Schätze!

## Mottoecke im Garten anlegen

***Das braucht ihr:*** *großen Sandkasten oder Sandhaufen, Wasser, Kieselsteine, einige Kartons, Schere, ein paar Schaschlik-Spieße aus Holz, kleine Plastikschüssel, 2 kleine Schaufeln, Spielzeugmännchen und Spielzeugautos*

Kinder können sich ganz in ihrem Spiel verlieren. In ihrer Fantasie verschmelzen sie mit ihren Spielzeughelden, werden selbst zum Cowboy, Indianer oder Superman. Ist Ihr Sohn der Rennfahrer der Zukunft? Dann überraschen Sie Ihren Weltmeister in spe und legen Sie gemeinsam mit ihm eine Geländerennstrecke für seine Spielzeugautos an!

Ideal wäre es, wenn sich noch aus vergangenen Tagen oder für die kleinen Geschwister ein Sandkasten im Garten befindet. Sollte das nicht der Fall sein, können Sie sich im Bauhandel einen Kubikmeter Spielsand besorgen und per Schubkarre und gemeinsamer Muskelkraft an den dafür geeigneten Platz im Garten schaffen. Dort sollte der Sand wenigstens 20 Zentimeter hoch geschüttet werden.

Nun geht es an die Gestaltung des Geländes! Die Rennstrecke soll eine Herausforderung an das Können der Fahrer darstellen und dementsprechend schwer sein. Bei der handwerklichen Ausführung dieses Projektes, können Sie sich, liebe Mama, bestimmt den Anweisungen Ihres Sohnes fügen! Wenn es um das Bauen mit Sand und Matsch geht, können Sie sicher sein, dass er weiß, was er tut!

Da müssen eng aufeinanderfolgende Berg- und Talabschnitte und steile Berghänge geformt werden. Da überrascht ein plötzliches Schlammloch mitten im Weg. Schnelle Kurvenwechsel und fast senkrechte Steilkurven gilt es später ebenfalls zu meistern.

Aus Kartonstücken oder Holzlatten baut ihr Sprungrampen in die Bahn ein, wobei die gefährlichste sogar über ein Wasserbecken führt! Könnte das eine eingegrabene kleine Plastikschüssel sein? Ein mit unterschiedlichen Kieselsteinen gepflasterter Abschnitt wird zur Buckelpiste und den mit zwei halbrunden Löchern versehenen Karton verwandelt ihr in einen dunklen Tunnel!

Natürlich gibt es nicht nur die eigentliche Rennstrecke, auch der Start- und Zielplatz, die Garagen für den Boxenstopp und die Zuschauertribünen müssen eingeplant werden. Zum Bau der Gebäude sucht ihr euch am besten Kartons in der passenden Größe. Mit einer Schere schneidet ihr Tore und Fensterlöcher hinein und stellt sie an die dafür vorgesehenen Stellen. Für die Tribünen stapelt ihr kleinere Kartons stufenförmig auf und größere so, dass mehrere Reihen Zuschauer Platz finden. Spielzeugmännchen freuen sich bestimmt, wenn sie im Publikum sitzen dürfen!

Jetzt fehlen noch attraktive Start- und Zielpunkte. Diese sind schnell aus Pappe oder Papier ausgeschnitten und bemalt. Befestigt sie an hölzernen Schaschlik-Spießen aus der Küche und steckt sie in den Sand, damit sie, über die ganze Rennstrecke sichtbar, stolz wehen können.

Ist alles an Ort und Stelle, kommen die Autos auf ihre Startpositionen. Endlich könnt ihr die Startflagge schwenken!

## Aquädukt bauen

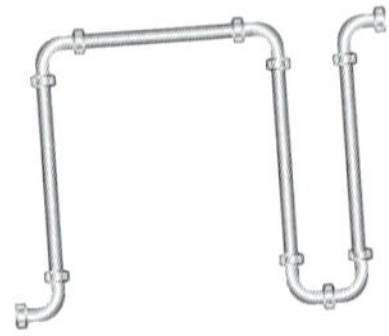

**Das braucht ihr:** *Gießkanne, alte Fahrradreifen, verschiedene Rinnen und Rohre, evtl. Steine und Sand*

Wusstet ihr, dass die Römer schon vor über 2000 Jahren Wasser aus den Bergen in trockene Talgebiete transportieren konnten? Diese Wasserleitungen, die sich teilweise über Hunderte von Kilometern zogen, heißen Aquädukte. In einigen Ländern stehen noch heute Reste dieser eindrucksvollen Bauwerke. Wäre das nicht auch eine tolle Idee für euren Garten?

Wasser braucht ein gleichmäßiges Gefälle, damit es über eine größere Strecke geleitet werden kann. Je steiler die Wasserleitung, desto schneller und stärker ist die Strömung. Will man dagegen eine große Entfernung überwinden, sollte das Wasser wie in einer langen, aber flachen Wasserrutsche langsam fließen.

Als Material lässt sich alles verwenden, was wasserdicht, halbrund oder röhrenförmig ist. Das können halbierte Fahrradreifen sein, Reste von Abflussrohren oder Regenrinnen, Plastikröhren oder Dachrinnen. Schaut mal in Kisten, im Keller oder auf dem Dachboden nach, was ihr an geeigneten Sachen finden könnt.

In eurem Garten legt ihr fest, von welcher Stelle das Wasser zu welchem Zielort (z. B. eurem Spielteich) gelangen soll. Ist zwischen den beiden Punkten kein natürliches Gefälle vorhanden, so unterstützt ihr die ineinandergelegten Röhren und Rinnen mit Hügeln aus Sand und Steinen oder lasst die Rohre schräg über Äste und Kisten laufen.

Ist alles komplett verlegt, gießt ihr langsam Wasser in das höhere Ende eurer Wasserleitung. Habt ihr alles richtig gemacht, wird es schnell am Ziel ankommen!

# MAMA ALS SPASSVOGEL

## Colafontäne

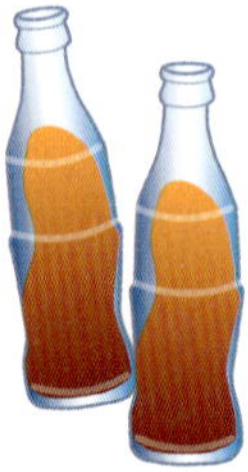

**Das braucht ihr:** *große Kunststoffflasche mit Cola oder einem anderen kohlensäurehaltigen Getränk, 5 Pfefferminzkaudragees, stabile Pappe oder Lineal, leeres Tablettenröhrchen*

Das folgende Experiment ist der absolute Knüller! Zeigen Sie Ihrem Sohn, dass Sie als Mutter auch über coole Tricks verfügen, von deren Existenz er bisher keine Ahnung hatte! Da es in der Durchführung zu einer ziemlichen Schweinerei kommen kann, was den Spaß garantiert noch erhöht, sollte der Versuch am besten im Freien auf einer Wiese stattfinden. Es ist außerdem von Vorteil, wenn man Badekleidung trägt …

Bevor das Experiment startet, überprüft unbedingt, ob das Lineal breiter als die Flaschenöffnung ist. Die muss nämlich vollständig abgedeckt werden! Die geöffnete Flasche stellt ihr so auf die Erde, dass sie auf jeden Fall einen guten Stand hat. Jetzt steckt ihr die Bonbons in das leere Tablettenröhrchen und legt das Lineal darüber. Dreht das Röhrchen vorsichtig um und platziert es so, dass es genau über der Flaschenöffnung steht, von der es nur durch das dazwischenliegende Lineal getrennt ist.

Jetzt wird es spannend! Mit einer Hand haltet ihr das Tablettenröhrchen fest, mit der anderen zieht ihr das Lineal fort. In dem Moment, wo die Bonbons in die Flasche fallen, solltet ihr schnell das Weite suchen, denn augenblicklich wird eine bis zu drei Meter hohe und klebrige Fontäne in die Luft schießen!

## Witzige Wortkreationen

***Das braucht ihr:** Papier und Bleistifte*

„Bitte nicht in diesem Ton!" Bekommt Ihr Sohn das auch oft zu hören, wenn ihn irgendetwas geärgert und er so richtig Dampf abgelassen hat? Eigentlich haben Sie natürlich recht, aber diesen Wettbewerb dürft und sollt ihr gemeinsam nur mit „Schimpfwörtern" bestreiten.

Damit ihr alle Spaß an der Sache habt, nehmt bitte keine Wörter, mit denen ihr euch gegenseitig beleidigt, sondern erfindet neue Schimpfwörter, die lustig und originell sind. Sie müssen auch nicht unbedingt einen Sinn ergeben!

Nehmt euch alle ein Blatt Papier und einen Bleistift. Der erste darf das Thema aussuchen und nennt z. B. „Tier". Jeder schreibt jetzt auf die linke Seite des Zettels ein Eigenschaftswort auf, das ihm gerade einfällt. Vielleicht denkt jemand an „dumm", „gefräßig", „kariert" oder „trampelig". Faltet, was ihr geschrieben habt, nach hinten weg und gebt euren Zettel an euren rechten Nachbarn weiter. Dieser schreibt jetzt auf die Vorderseite des Zettels, quasi in die nächste leere Spalte, ein Tier auf. Er faltet den Zettel noch einmal und gibt ihn wieder nach rechts weiter. Der Dritte öffnet den Zettel und liest die Tier-Wortkreationen vor. Da niemand weiß, was sein Nachbar geschrieben hat, kommen die lustigsten Kombinationen zustande. So gibt es vielleicht einen „verrückten Hamster", eine „karierte Zwergmaus" oder einen „grummelnden Flamingo ". Denkt euch für die nächste Runde ein anderes Thema aus.

Wie wäre es, sich Fantasienamen auszudenken und diese in die Runde zu werfen? Niemand wird ernsthaft beleidigt sein, wenn er „mumpfeliger Zergknartz" hört. „Krawalliger Knadelidewutz" oder „famoser Furkelitzkenose" klingt auch nicht schlecht, oder?

## GESCHICHTE MIT ULKIGEN WORTSCHLANGEN

Auf einer langen Autofahrt, in der Schlange vor der Kasse oder auf dem Geburtstag der Tante ist euch fürchterlich langweilig. Verdrücken ist nicht möglich, aber was könnt ihr sonst tun? Erfindet zu eurer Unterhaltung eine Geschichte mit unfassbar langen und ulkigen Wortschlangen!

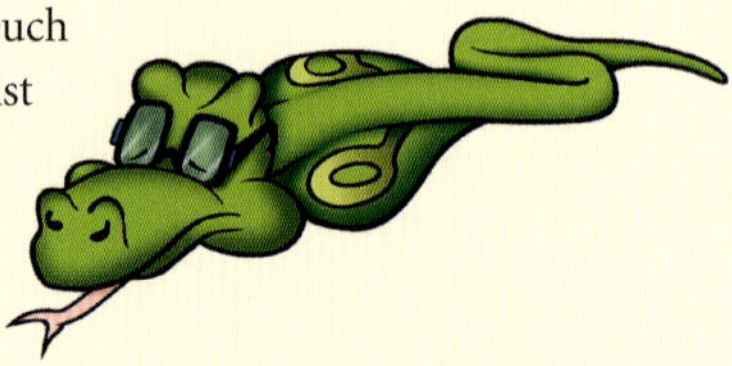

So wohnt z.B. in dem Reihenhaus neben euch eine Frau, deren Dackel Waldi heißt. Das ist dann der Reihenhausbesitzerinnendackel Waldi. Der hat gestern einen Riesenknochen bekommen, den er im Garten unter einem Rosenbusch versteckt hat, und jetzt weiß Waldi nicht mehr, wo das Riesenknochenrosenbuschversteck ist. Ist es links von dem Gartenkunststoffwasserschlauchwandhängehaken oder neben der Werkzeugschuppenschiebetürverglasung?

Egal, ein neuer Knochen muss her! Waldi flitzt zur Lebensmittelsupermarkthinterausgangstür und wartet, dass der Metzger Paule endlich Feierabend macht. Paule ist müde und freut sich auf seinen Endlichfeierabendwohlfühlbierhumpen, der auf Paules Wohnzimmervitrinenschrankklappe steht. In seiner Vorfreude auf sein Bier merkt Paule nicht, dass Waldi sich in den Supermarkt schleichen konnte. In der Fleischabteilung denkt Waldi, dass er im Dackelhunderindfleischparadies ist! Er weiß gar nicht, was er sich zuerst schnappen soll. Plötzlich knurrt es, und wer steht vor Waldi? Der Supermarktoberkontrollaufsichtsdobermann Rocky!

Wie wird das wohl ausgehen? Erfindet eigene Geschichten mit möglichst langen und natürlich möglichst ulkigen Wörtern!

## Rollentausch

***Das braucht ihr:** euch beide*

Kindern geht es oft nicht schnell genug, bis sie endlich erwachsen sind und alles allein entscheiden können. Erwachsene dagegen betrachten wehmütig, wie unbeschwert die Kleinen spielen und wären gern noch einmal Kind. Wollt ihr eure Rollen tauschen?

Dieses Spiel macht nicht nur Spaß, es fördert auch den Respekt und die Aufmerksamkeit für Gefühle und Meinungen, die nicht der eigenen Vorstellung entsprechen. Deshalb ist es wichtig, dass ihr nicht versucht, euch mit euren Entscheidungen gegenseitig zu ärgern. So gibt es z. B. keinen Spinat zu essen, wenn ihr wisst, dass der andere den absolut nicht ausstehen kann! Akzeptiert die Vorgaben des anderen für die gegebene Zeitspanne und lasst euch beide auf neue Situationen ein! Sonst funktioniert es nicht.

Heute also hören Sie, liebe Mama, für eine Stunde die Lieblingsmusik Ihres Sohnes. Fragen Sie ihn, warum ihm diese Musik so besonders gut gefällt. Morgen stellen Sie ihm dafür Ihre Musik vor.

Junior entscheidet, was es zu essen gibt und ist auch für das Kochen verantwortlich. Helfen dürfen Sie natürlich. Auch wenn Ihnen die Mahlzeit etwas „verwegen“ erscheint, genießen Sie sie und die Mühe, mit der sie zubereitet wurde. Sicherlich weiß Ihr Sohn danach Ihre Arbeit auch mehr zu würdigen.

An einem Tag legt Ihr Sohn fest, wann Sie ins Bett gehen sollen und ob Sie dann noch lesen dürfen. Dann bestimmen wieder Sie, wann am Morgen aufgestanden werden soll.

Sucht euch gegenseitig die Sachen aus, die ihr an einem gemütlichen Tag daheim anziehen sollt. Und entscheidet abwechselnd, was gemeinsam gespielt wird.

# Geburtstagsspiele für drinnen

***Das braucht ihr:** Wattebäusche, Würfel, Handschuhe, Messer und Gabel, Küchenbrettchen, Schokolade, Kochtopf, Kochlöffel, Tuch, einige Stühle, Luftballons*

Kindergeburtstag und es regnet in Strömen! Eure Gartenparty fällt ins Wasser, das Beschäftigungsprogramm für draußen funktioniert nicht. Kein Problem! Ohne großen Materialaufwand könnt ihr den Gästen auch drinnen spannende Unterhaltung bieten, die zusätzlich die Geschicklichkeit fördert.

Wusstet ihr, dass Schokolade zu essen richtig aufregend sein kann? Natürlich nur, wenn es besondere Regeln zu beachten gibt. Diese lauten so: Alle Kinder sitzen am Tisch und würfeln. Ziel ist es, eine Sechs zu würfeln. Klappt das nicht, ist ganz schnell der Nachbar dran. Derjenige, dem der Wurf gelingt, zieht blitzschnell die Handschuhe an, greift Messer und Gabel und versucht, damit eine Tafel Schokolade auszupacken und zu essen. Diese liegt am besten auf einem Küchenbrettchen, damit der Tisch nichts abbekommt. Sobald das nächste Kind eine Sechs würfelt, wechseln die Handschuhe und das Besteck sofort den Benutzer. Beeilt euch mit dem Würfeln, denn die Schokolade ist schnell verputzt!

Beim Wattebäuschchen-Pusten sitzen sich zwei Kinder an einem Tisch gegenüber. Auf die Mitte des Tisches wird ein Wattebausch gelegt. Jedes Kind versucht, durch Pusten die Wattekugel über die Tischkante auf der gegnerischen Seite zu befördern. Wem es gelingt, dem gehört der Sieg!

Topfschlagen ist ein weiterer Klassiker, der nicht fehlen darf! Verbindet einem kleinen Geburtstagsgast die Augen und drückt ihm einen Kochlöffel in die Hand. Jetzt wird ein umgedrehter Kochtopf im Zimmer versteckt, den das Kind natürlich nicht sehen darf. Nur mit dem Kochlöffel als Hilfsmittel in der Hand soll es den Topf suchen, was nicht so einfach ist. Kleine Hinweise wie „kalt“ oder „heiß“ dürfen aber gegeben werden. Noch mehr Spaß macht es, wenn eine kleine Süßigkeit als Finderlohn unter dem Topf verborgen ist.

Genauso turbulent geht es bei der Reise nach Jerusalem zu. Dazu stellt ihr einige Stühle in einer Reihe auf, sodass die Sitzflächen abwechselnd in die eine und in die andere Richtung weisen. Ihr braucht immer einen Stuhl weniger, als Kinder bei dem Spiel mitmachen. Mama bezieht jetzt Position am CD-Player und sorgt für coole Partymusik. Während die Musik läuft, gehen die Kinder im Gänsemarsch rund um die Stühle. In dem Moment, wenn die Musik plötzlich stoppt, versucht jedes Kind, sich auf einen Stuhl zu setzen. Das Kind, das keinen gefunden hat, scheidet aus. Bevor es weitergeht, wird wieder ein Stuhl entfernt. Wer den letzten Stuhl ergattern kann, hat gewonnen.

Deutlich ruhiger ist das Luftballontanzen. Je zwei Kinder stehen sich gegenüber und klemmen einen aufgeblasenen Luftballon zwischen ihre Köpfe auf Höhe der Stirn. Wenn die Musik gestartet wird, beginnen sie zu tanzen. Dabei darf der Ballon nicht herunterfallen, aber es ist auch nicht erlaubt, ihn mit den Händen festzuhalten. Das Paar, dem dies am längsten gelingt, gewinnt einen Preis!

## Flohmarkt vor dem Haus

***Das braucht ihr:** alles, was ihr nicht mehr braucht, Tisch oder Decke*

Wie schnell werden die Kinder groß! Genauso schnell ändern sich auch ihre Interessen und Ansprüche! Das Spielzeug, das gestern noch hoch im Kurs stand, interessiert sie heute nicht mehr und ist nur noch etwas „für Babys“! Die Frage ist nun: Wohin mit all den Bilderbüchern, Autos, Stofftieren oder Puzzlespielen? Oft sind die Sachen noch tadellos und viel zu schade, um einfach weggeworfen zu werden. Ein Flohmarkt stellt eine gute Gelegenheit dar, um sich von unbrauchbar gewordenen Spielsachen zu trennen und sogar noch ein paar Euro dafür zu bekommen. Da Kinder sehr gern Kaufmann spielen, werden sie sicherlich von dieser Aktion begeistert sein.

Vorausgesetzt, dass ihr nicht direkt an einer verkehrsreichen Hauptstraße wohnt, ist ein kleiner privater Flohmarktstand unkompliziert. Eine offizielle Genehmigung braucht ihr nicht. Als Erstes stellt ihr euer Warensortiment zusammen. Suchen Sie, liebe Mama, gemeinsam mit Ihrem Kind die Gegenstände aus, die sich für diese Aktion eignen. Drängen Sie Ihr Kind besser nicht, wenn es sich von etwas noch nicht trennen möchte, vielleicht ist es beim nächsten Verkauf so weit. Macht euch schon vorher gemeinsam Gedanken, was ihr mit euren Einnahmen anfangen wollt.

Als Verkaufsstand eignet sich ein kleiner Tisch oder eine einfache Wolldecke, worauf die Ware dem interessierten Publikum präsentiert wird. Es ist bestimmt spannend für Ihr Kind, seine Sachen anzubieten und den Preis zu verhandeln.

Viel Glück und viel Spaß!

# MAMA ALS ABENTEURERIN

## Giftpflanzenposter basteln

***Das braucht ihr:*** *Fotos, Bilder und Beschreibungen von Giftpflanzen, Zeichenkarton DIN A3, Bastelkleber, Schere*

Wie verschwenderisch zeigt sich die Natur im Frühling, Sommer und Herbst! Wie süß duften die Blumen, wie vielfältig leuchten die Farben der Blüten, wie appetitlich locken Beeren und andere Früchte! Kinder, die ihre Welt befühlen und beschnuppern, bringt dies in Versuchung, die kleinen Verführer auch in den Mund zu stecken. Leider sind viele Pflanzen, die sich so verlockend präsentieren, nicht genießbar. Im schlimmsten Fall sind sie sogar giftig!

Der griechische Arzt Paracelsus wusste schon vor 2500 Jahren, dass die Giftdosis entscheidend ist. Das bedeutet, dass das Naschen einer einzigen giftigen Beere meist noch nicht tödlich ist. Häufig lässt ein Schutzmechanismus das Kind rechtzeitig erbrechen, sodass das Gift seine Wirkung im Organismus nicht voll entfalten kann. Aber manche der Beeren sehen so köstlich aus und schmecken auch nicht so schlecht, dass Kinder mehr davon essen

und dadurch die gefährliche Dosis erreichen. Nicht immer sind allein die Früchte der Pflanzen giftig, auch der Verzehr von Blüten, Blättern oder das Kauen auf den Stielen bestimmter Pflanzen kann zu Vergiftungen führen. Wenn ihr besser über die Gefahren, die im Garten, Wald und auf Wiesen lauern, Bescheid wisst, dann verringert sich das Risiko, aus Unwissenheit einmal das Falsche zu essen. Eine schnelle Übersicht gibt euch ein selbst gebasteltes Giftpflanzenposter.

Aus Büchern holt ihr euch erste Informationen über die verschiedenen giftigen Pflanzenarten. Ihr werdet erstaunt sein, was davon vielleicht alles in eurem eigenen Garten wächst! So gehören die Schoten des wunderschönen gelben Goldregens ebenso wie die der Engelstrompete zu den sehr stark giftigen Früchten der Natur. Auch das beliebte Maiglöckchen, die Christrose, die Tollkirsche, der Hohe Rittersporn, die Thuja und der Fingerhut werden dieser Kategorie zugeordnet.

Als immerhin noch sehr giftig gelten der Oleander und die Lupinen. Klatschmohn, Tränendes Herz, Schneeball, Schachblume, Efeu, Eibe, Schwertlilie und Besenginster zählen zu den giftigen Pflanzen. Wie der Fliegenpilz aussieht, könnt ihr bestimmt alle sagen, aber würdet ihr auch den Knollenblätterpilz erkennen?

Jetzt wisst ihr, wonach ihr Ausschau halten müsst! Mit einer Kamera bewaffnet, macht ihr einen Ausflug in die Umgebung und fotografiert Pflanzen, die für euer Poster infrage kommen. Fehlen euch danach noch wichtige Arten, so könnt ihr sie aus Büchern kopieren und ausschneiden oder einfach selbst nachmalen. Klebt alle Bilder auf den Karton und fügt eine kurze Beschreibung der Pflanze hinzu. Ergänzt euer Poster durch Erste-Hilfe-Anweisungen, die nützlich sind, wenn sich doch mal jemand vergiftet hat. Zuletzt schreibt ihr mit rotem Stift deutlich sichtbar die Telefonnummern vom nächsten Arzt, Krankenhaus sowie der Giftzentralstelle auf. Jetzt ist euer Poster perfekt!

## Morsealphabet

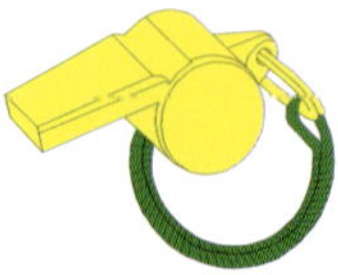

***Das braucht ihr:*** *Morsealphabet, Papier, Buntstifte, Taschenlampe, Trillerpfeife*

Knifflige Aufgaben und Geheimsprachen machen Kindern besonders viel Spaß. Ohne großen Aufwand lernen sie durch das Morsealphabet, sich auch ohne gesprochene Sprache zu verständigen. Wie James Bond können sie geheime Nachrichten versenden!

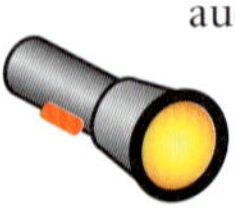

Schon 1838 entwickelte der Amerikaner Samuel Morse eine Zeichenschrift, die es ohne die Benutzung von Buchstaben ermöglichte, Nachrichten zu übersenden. Dieser Code besteht nur aus Strichen und Punkten und kann nicht nur mit Licht-, sondern auch mit Tonsignalen übermittelt werden. Dabei stellen die Punkte kurze Signale und die langen Striche lange Signale dar. Jeder Buchstabe unseres Alphabets und jede Zahl wird mit einer bestimmten Kombination aus Punkten und Strichen dargestellt. Fertig ist das Morsealphabet!

Keine Angst, es ist nicht schwer, damit Nachrichten zu übermitteln! Zuerst schreibt sich jeder von euch das Morsealphabet mit den dazugehörigen Buchstaben ab. Damit ihr die einzelnen Codes deutlicher erkennen könnt, lasst ihr genügend Platz zwischen den Buchstaben oder schreibt sie einfach

### Morsecode

| | | | | | |
|---|---|---|---|---|---|
| A | ·− | I | ·· | Q | −−·− |
| B | −··· | J | ·−−− | R | ·−· |
| C | −·−· | K | −·− | S | ··· |
| D | −·· | L | ·−·· | T | − |
| E | · | M | −− | U | ··− |
| F | ··−· | N | −· | V | ···− |
| G | −−· | O | −−− | W | ·−− |
| H | ···· | P | ·−−· | X | −··− |

untereinander. Dabei wählt ihr für die Punkte eine helle Farbe (z.B. Rot), um euch daran zu erinnern, dass dies kurze Signale sind.

Jetzt kann es schon losgehen! Zu Beginn verschlüsselt einer von euch eine einfache Nachricht, z.B. den Namen Max. Dazu werden die einzelnen Buchstaben untereinander- und die entsprechende Verschlüsselung des Morsealphabets danebengeschrieben. Soll der Name durch Lichtsignale versendet werden, braucht ihr die Taschenlampe. Für jeden Punkt wird sie einmal kurz angeknipst, für jeden Strich bleibt sie ein wenig länger an. Macht nach jedem Buchstaben eine kleine Pause, denn das vereinfacht das Erkennen für den anderen. Derjenige von euch, der die Nachricht entschlüsseln soll, notiert mit einem Stift die empfangenen Signale und ordnet sie mithilfe der Liste wieder den einzelnen Buchstaben zu. Hat jeder von euch alles richtig gemacht, sollte jetzt auch auf dem zweiten Blatt Papier „Max“ stehen.

Wollt ihr die Signale als Ton senden, geht das am einfachsten mit einer Trillerpfeife. Für jeden Punkt pustet ihr einmal kurz, für jeden Strich pfeift ihr etwas länger. Habt ihr keine Pfeife zur Hand, könnt ihr auch summen oder flöten.

Mit ein bisschen Übung könnt ihr schon bald längere Nachrichten versenden und entschlüsseln, ohne dass euch ein Außenstehender versteht.

| | | | | | |
|---|---|---|---|---|---|
| Y | – · – – | 2 | · · – – – | . | · – · – · – |
| Z | – – · · | 3 | · · · – – | , | – – · · – – |
| Ä | · – · – | 4 | · · · · – | ? | · · – – · · |
| Ö | – – – · | 5 | · · · · · | ! | · · – – · |
| Ü | · · – – | 6 | – · · · · | : | – – – · · · |
| Ch | – – – – | 7 | – – · · · | “ | · – · · – · |
| 0 | – – – – – | 8 | – – – · · | ‘ | · – – – – · |
| 1 | · – – – – | 9 | – – – – · | = | – · · · – |

## Verzwickte Knoten

***Das braucht ihr:** 2 dünne Hanfseile jeweils ca. 1 m lang*

Könnt ihr einen Knoten machen? Natürlich könnt ihr das! Aber wisst ihr, wie viele verschiedene Knotenarten es gibt und wo sie überall zum Einsatz kommen? Sie sind wichtig beim Bergsteigen, in der Turnhalle, bei der Feuerwehr, in der Fischerei und in der Seefahrt. Sie sorgen für festen Halt, damit nichts verrutschen und niemand abstürzen kann. Auch beim Verbinden verschiedener Leinen sind sie wichtig. Aber warum gibt es so viele unterschiedliche Knoten? Weil jeder seine eigene Aufgabe hat!

Ein paar davon könnt ihr gleich ausprobieren:

**Kreuzknoten**
Mit dem Kreuzknoten lassen sich zwei Seile fest miteinander verbinden.

1. Legt dazu beide Seile in der Mitte kreuzförmig übereinander.

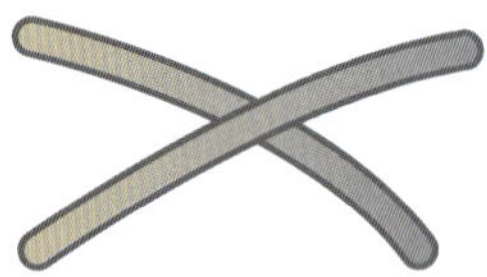

2. Dreht die zwei Seile einmal umeinander.

3. Jetzt führt ihr die beiden losen Enden oben über Kreuz zusammen.

4. Steckt die losen oberen Enden noch einmal umeinander.

Festziehen und fertig!

**Palstek**

Der bekannteste Seemannsknoten ist der Palstek. Damit könnt ihr z. B. ein Segelboot sicher an Pfählen befestigen und auch im Alltag ist er nützlich.

1. In die Mitte eines Seils macht ihr eine kleine Öse.
2. Mit dem linken freien Ende formt ihr ebenfalls eine Öse, die aber größer sein muss. Deren Ende wird von unten durch die kleine Öse gefädelt.

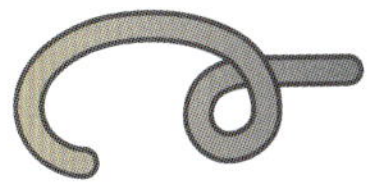

3. Jetzt führt ihr das Seilstück weiter über das andere herüber.
4. Steckt das Ende ein zweites Mal durch die kleine Öse und zieht den Knoten fest.

Jetzt habt ihr eine feste Schlaufe, die ihr über einen Pfahl werfen könnt.

**Webeleinenstek**

Mit diesem Knoten lässt sich ein Seil an einem Pfahl oder einem anderen Seil befestigen.

1. Legt ein Seilende zur Hälfte um eine Stuhllehne herum.
2. Lasst die vordere Seilhälfte nach unten hängen. Mit der anderen geht ihr von rechts über das Seil herüber und …
3. … wieder nach hinten um die Stuhllehne herum.
4. Steckt dieses Ende von unten durch das schräg liegende Seilstück und zieht den Knoten fest.

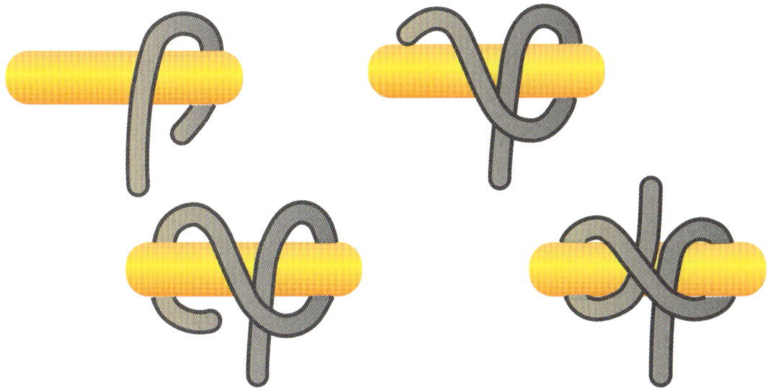

# Wünschelruten-Spaziergang

**Das braucht ihr:** *kleine Astgabel der Haselnuss bzw. Weide oder Kleiderbügel aus Metall*

Schon seit langer Zeit gehen die Menschen mit Wünschelruten auf die Suche nach Wasser-, Erz- oder Gesteinsadern. Aber nicht jeder hat die Gabe zum Rutengänger. „Wünschel“ hat übrigens nichts mit dem Wort „wünschen“ zu tun, sondern leitet sich von dem mittelalterlichen Wort für „Glück“ ab. Vielleicht bedeutet das, dass es nie sicher ist, ob die Suche Erfolg haben wird. Möchtet ihr einmal probieren, ob ihr fündig werdet?

Früher war eine y-förmige Astgabel aus dem Holz der Haselnuss oder der Weide ideal für eine Wünschelrute. Heute kann man stattdessen auch ein in dieser Form gebogenes Drahtstück (z.B. einen Kleiderbügel) verwenden.

Nehmt die beiden kurzen Enden eurer Wünschelrute locker in die Hände und lasst das längere Ende nach vorn zeigen. Jetzt schreitet ihr langsam und konzentriert über eine Wiese oder Weide. Ist in dem Gelände eine Wasser- oder Gesteinsader verborgen, soll die Spitze der Rute an dieser Stelle für euch spürbar nach unten ziehen.

Wie das funktionieren soll, kann die Wissenschaft nicht erklären. Vielleicht spürt die Rute die Energie, die von Rohstoffen ausgeht. Für viele steht fest: Das Rutengehen ist kein Aberglaube! In vielen trockenen Gegenden unserer Erde werden Menschen, die angeblich die entsprechende Fähigkeit haben, zum Aufspüren von Wasseradern geholt. An der Stelle, die der Stock anzeigt, wird ein Brunnen gebohrt und die Menschen haben Wasser.

## Schneeschuhtour

***Das braucht ihr:** Schneeschuhe, Skistöcke, sportliche Winterkleidung, Rucksack mit Proviant*

Glitzernd wie ein Diamant liegt der unberührte Schnee in der Sonne. Der Himmel ist knallblau, kein Lüftchen weht. Nichts wie raus in ein neues Abenteuer: eine aufregende Tour in Schneeschuhen!

Diese speziellen Schuhe eignen sich besonders gut für eine Wanderung im Tiefschnee. In Sportgeschäften oder Skiverleihen könnt ihr sie in passender Größe ausleihen. Sie werden mit Riemchen direkt an euren Winterstiefeln befestigt. Skistöcke sind nicht unbedingt notwendig. Für Anfänger und besonders Kinder sind sie aber praktisch, da man damit sehr viel leichter das Gleichgewicht halten kann.

Als Kleidung empfiehlt sich der „Zwiebellook“! Zieht mehrere Schichten dünner Kleidung übereinander, die ihr nach Bedarf wieder ausziehen könnt, wenn ihr durch die Bewegung ins Schwitzen geratet. Umgekehrt wird euch schnell kalt, wenn ihr schwitzt und im Stehen eine Pause macht. Auch Handschuhe, Sonnenbrille und Sonnencreme dürfen auf keinen Fall fehlen.

Ist die Ausrüstung komplett, könnt ihr losmarschieren! Für den Anfang reichen drei Kilometer durch leichteres Gelände vollkommen aus. Das mag euch nicht sehr viel erscheinen, aber es ist sehr anstrengend, mit den großen „Tellern“ unter den Füßen durch den Schnee zu stapfen. Schnell werden die kleinen und großen Beine müde …

Ganz wichtig: Pausen nicht vergessen! Stärkt euch mit den Vorräten aus dem Rucksack, bevor ihr am Abend eine wohlverdiente Brotzeit bekommt.

## Kanufahrt mit Übernachtung

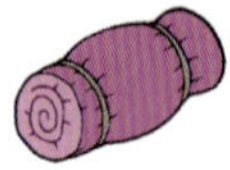

***Das braucht ihr:** Kanu mit Paddeln, Schwimmwesten, wasserdichte Tonne, kleines Zelt, Schlafsack, Kleidung zum Wechseln, Proviant, Sonnenhut und Sonnencreme*

Mit dem Kanu auf einem kleinen Fluss oder See zu fahren, ist für große und kleine Naturforscher ein spannendes Abenteuer. Auf dem Wasser lässt sich die Welt aus einer ganz anderen Perspektive beobachten und entdecken.

Fast überall, wo man Wassersport betreiben kann, gibt es Kanus zum Ausleihen. Seid ihr Neulinge, unternehmt euren Ausflug besser zusammen mit erfahrenen Kanuten. Das macht nicht nur mehr Spaß, sondern ist auch sicherer. Es tauchen unterwegs bestimmt immer wieder natürliche Hindernisse auf, die ihr nicht vorhersehen könnt. Hängt z.B. ein großer Ast oder sogar ein ganzer Baum quer über die Fahrrinne, so muss das Boot darübergehoben werden. Schlimmstenfalls kentert das Kanu und muss samt Inhalt geborgen werden. Da ist es gut, wenn ihr nicht allein seid und euch gegenseitig helfen könnt.

Obwohl jeder von euch selbstverständlich schwimmen können muss, solltet ihr alle eine Schwimmweste tragen. Es ist nicht schlimm, wenn mal einer ins Wasser fällt, aber man kann doch einen Schreck bekommen und dann falsch reagieren. Eine Schwimmweste gibt euch die nötige Sicherheit!

Bei der Planung eurer Tour solltet ihr euch von Freunden helfen lassen, die den Gewässerverlauf kennen und wissen, mit welchen Schwierigkeiten zu

rechnen ist. Gibt es z.B. flache Stellen, auf die das Boot aufsetzen könnte? Gibt es Abschnitte mit vielen größeren Steinen oder Strudeln? Befinden sich Wehre oder gar Schleusen auf der Strecke? Karten, in denen Touren nach ihrem Schwierigkeitsgrad beschrieben werden, findet ihr im Buchladen. Darin gibt es auch Tipps für mögliche Übernachtungen,

denn leider darf man sein Zelt nicht überall aufschlagen, wo es einem gefällt! Mit einem Campingplatz seid ihr auf der sicheren Seite.

Stundenlanges Kanufahren ist anstrengend. Berücksichtigt bei der Planung eures Ausflugs darum unbedingt eure Kondition, damit ihr euch nicht überanstrengt oder die Lust verliert. Vier Stunden in leichtem Gewässer reichen für den Anfang völlig!

Was packt ihr alles für die Tour in eurem kleinen Boot ein? Zusammen mit dem Kanu könnt ihr bei dem Verleih eine wasserfeste Tonne bekommen, in die ihr alle Sachen legt, die nicht nass werden dürfen. Euer kleines Zelt, die Schlafsäcke und der Proviant finden dort ihren Platz. Ebenso kann in ihr Ersatzkleidung untergebracht werden, falls ihr doch einmal ins Wasser fallt oder es regnen sollte. Vergesst nicht, eine Kopfbedeckung, Sonnenschutzcreme und ausreichend Getränke mitzunehmen!

Jetzt kann es losgehen! Der Bootsverleiher bringt das Kanu an den verabredeten Startpunkt und erklärt euch, wie alles funktioniert. Macht am besten eine kurze Probefahrt in seinem Beisein, bevor es heißt: Leinen los!

Schon nach kurzer Zeit habt ihr euch beim Paddeln aufeinander eingespielt und könnt euer Abenteuer voll genießen! Und abends auf dem Zeltplatz dürft ihr tüchtig Seemannsgarn spinnen: Wie ihr einem gefährlichen Seeungeheuer begegnet seid, wie ihr euch aus einem Taifun retten konntet usw.

## Landkarte von eurer Umgebung

***Das braucht ihr:** Notizblock, dünnen Zeichenkarton, Bleistift und Buntstifte*

Nicht alle Autos haben ein Navigationsgerät, das dem Fahrer den gesuchten Weg zu seinem Ziel anzeigt. Viele Autofahrer, Radler und Wanderer orientieren sich heute wie früher anhand von Landkarten. Am Anfang ist es nicht einfach, sich mit den zahlreichen farbigen und verschieden dicken Linien zurechtzufinden. Auch Erwachsene brauchen oft Zeit, bis sie mit dem Lesen einer Landkarte vertraut sind.

Wie aber werden Landkarten gemacht? Damit ihr die Technik besser verstehen könnt, versucht doch einmal, eine eigene Karte von eurer Umgebung zu zeichnen.

Der Ausgangspunkt dafür ist euer Zuhause. Zeichnet es als kleines Haus in die Mitte auf den Zeichenkarton. Von dort wollt ihr z. B. den Weg zu eurem besten Freund eintragen. Am einfachsten ist das, wenn ihr den Weg dahin einmal zu Fuß geht und euch dabei ein paar Notizen macht. Bestimmt liegt euer Haus an einer Straße. Verläuft diese Straße gerade oder hat sie starke Kurven? Überquert ihr auf der Strecke andere Straßen? Gibt es Querstraßen? Müsst ihr rechts oder links an der Kreuzung abbiegen oder geht es geradeaus weiter? Skizziert den Verlauf der Straßen, die ihr zu eurem Freund geht, erst nur grob.

Wenn euch besondere Punkte auf eurer Route auffallen, tragt sie ebenfalls mit einem kleinen Symbol ein. Das können Ampeln sein, ein kleiner Teich, eine Kirche, der Spielplatz oder bestimmte wichtige Gebäude wie z. B. eure Lieblingseisdiele! Wieder daheim übertragt ihr eure Notizen auf eure Landkarte. Versucht dabei, Entfernungen möglichst in das richtige Verhältnis zueinander zu setzen. Wenn ihr also erst einmal fünf Minuten auf eurer Straße lauft, bis ihr zu der ersten Kreuzung kommt, wo ihr sofort wieder abbiegt, sollte die zweite Strecke auch kürzer als die erste gezeichnet sein. Keine Angst! Ihr sollt hier keine maßstabsgetreue Karte entwerfen! Aber es wäre doch toll, wenn sich auch andere Leute mithilfe eurer Zeichnung orientieren könnten, oder?

Habt ihr euren ersten Weg fertig eingetragen, überlegt ihr euch, welchen ihr noch zeichnen wollt. Wie wäre es mit dem Schulweg oder der Strecke zum Fußballplatz? Wo befindet sich die tolle Pizzeria? Wo gibt es den besten Kuchen?

Da ihr schon ein wenig Übung habt, fällt euch das Zeichnen des zweiten Weges bestimmt leichter. Sind alle Orte und Pfade eingetragen, geht ihr die Strecken zur Kontrolle einmal ab. Dabei lässt sich schnell feststellen, ob ihr einen Fehler gemacht habt, der sich anschließend verbessern lässt. Zuletzt markiert ihr die euch wichtigen Gebäude und Straßen mit Buntstiften farbig.

Mit der fertigen Karte könnt ihr einen spannenden Test machen. Tragt dazu an einer Stelle eurer Karte ein X ein. Nur ihr wisst, dass sich an dieser Stelle die Eisdiele befindet. Jetzt gebt ihr die Karte einem Freund, der nur anhand eurer Zeichnung den gekennzeichneten Treffpunkt finden soll.

Als Finderlohn gibt es ein Eis für jeden von euch!

## Die Nacht zum Tag machen

**Das braucht ihr:** *den Willen, wach zu bleiben!*

„Ich durfte gaanz lange aufbleiben!“ Sicher kennen Sie als Mutter diesen Ausspruch Ihres Kindes, mit Stolz in der Stimme geäußert. Manchmal ist der Zeitpunkt, bis zu dem der Sohnemann wach bleiben durfte, das Wichtigste, was ihm von einem Familienfest oder von Silvester in Erinnerung bleibt. Wie verlockend und spannend ist erst die Vorstellung, eine ganze Nacht nicht zu schlafen?

Überlegt euch gemeinsam, wie ihr diese Nacht gestalten wollt. Ein leckerer, kleiner Imbiss ist in jedem Fall ein guter Start! Dabei könnt ihr auch noch kurzfristige Änderungen besprechen, falls das Wetter eventuell nicht mitspielt.

Wenn es warm und trocken bleibt, ist eine Nachtwanderung angesagt. Jeder nimmt einen kleinen Rucksack mit Proviant und eine Taschenlampe mit. Schon marschiert ihr los! Ihr müsst keinen langen Spaziergang machen, denn sogar in gewohnter Umgebung klingen bekannte Geräusche im Dunkeln ganz fremd und ein bisschen unheimlich. Außerdem kommt ihr nachts bestimmt langsamer voran.

Ein Lagerfeuer hat auch im eigenen Garten seinen besonderen Reiz. Eingehüllt in eine Decke, lässt es sich dort gut Geschichten erzählen oder die Sterne beobachten, bis das erste Morgenrot die Nacht beendet.

Sollte es kalt sein oder regnen, werden daheim eure Lieblingsspiele herausgeholt. Habt ihr keine Lust mehr zu spielen, erzählt euch gegenseitig Gespenstergeschichten. Vielleicht mögt ihr auch Plätzchen backen oder Spaghetti kochen?

Ob ihr nun wirklich die ganze Nacht wach bleibt, ist gar nicht so wichtig. Vor allem geht es darum, dass ihr zusammen eine schöne Zeit verbringt!

## Geheimversteck in der Natur suchen

***Das braucht ihr:*** *eine geheime Botschaft*

Der Agent schleicht sich heimlich durch die Nacht. Niemand soll sehen, dass er eine wichtige Nachricht in seinem Geheimversteck verbergen will … Spannend, nicht wahr? Wollt ihr euch nicht auch so ein Versteck suchen, wo ihr Nachrichten für eure Freunde hinterlegen könnt, die niemand findet?

Ein normaler Ort, an dem jeder vorbeigeht, ohne ihm besondere Beachtung zu schenken, eignet sich prima. Das kann in eurem Garten, im Wald, im Park oder auf dem Spielplatz sein. Achtet bei der Auswahl aber darauf, dass ihr kein fremdes Grundstück betreten müsst, um euren Geheimplatz zu erreichen, denn das könnte Ärger geben.

Gibt es im Park einen Baum, in den der Blitz eingeschlagen hat? Lag da nicht eine Tanne im Wald, die beim letzten Sturm umgekippt ist? Findet ihr vielleicht eine hohle Stelle im Stamm oder an der Wurzel? Auch der große Findling am Ortseingang ist spitze, um etwas dahinter zu vergraben. Auf dem Feldweg stehen fünf alte Holzmasten. Am Fuße des zweiten von rechts könntet ihr euer Versteck auch anlegen.

Ob Kaninchenlöcher oder der Kirschbaum im Garten: Macht die Augen auf und überlegt, ob euch der Platz für euren Plan geeignet erscheint. Damit die Geheimbotschaft nicht nass und unlesbar wird, packt ihr sie in eine Plastiktüte oder in eine kleine Dose, bevor ihr sie deponiert oder vergrabt. Besonders gruselig und spannend wird es, wenn ihr das nachts im Licht einer Taschenlampe macht.

Jetzt überlegt euch noch ein Geheimzeichen, an dem nur euer Freund erkennt, dass er Post hat …

## Schnitzeljagd im Wald

**Das braucht ihr:** *Kompass, Landkarte, Zettel mit Hinweisen*

Abenteuer und Geheimnisse sind für alle Kinder aufregend. Und wenn es am Ende für die Auflösung der Rätsel auch noch eine Belohnung gibt, freut sich Ihr Sohn sicher doppelt!

Die Ausarbeitung der Abenteuerstrecke übernehmen Sie, liebe Mama. Besorgen Sie sich dazu eine Karte von einem nahen und Ihnen bekannten Waldgebiet. Am Waldrand legen Sie einen markanten Startpunkt fest. Das könnte z. B. eine vom Blitz zerstörte Eiche sein, bei deren Wurzel Sie einen Hinweis auf den nächsten Fundort verstecken. Das wäre möglicherweise eine Parkbank, die 100 Schritte in nördlicher Richtung entfernt liegt. Dort findet sich wieder ein Hinweis! Der nächste Platz, der beschrieben wird, ist nordwestlich der Bank in 150 Schritten zu suchen. Fünf Tannen wachsen hier; der Tipp, wie es weitergeht, versteckt sich bei der mittleren. Schon flitzt Ihr Sohn los zum nächsten Ort! Planen Sie etwa 90 Minuten für die Schnitzeljagd ein. Danach solltet ihr beide an einem Zielpunkt angekommen sein.

Durch zusätzliche Aufgaben können Sie die Jagd erschweren und damit auch spannender gestalten. Lassen Sie Ihren Sohn z. B. drei verschiedene Blätter sammeln, die er den entsprechenden Bäumen mit Namen zuordnen muss. Oder Sie bringen einen Stein mit, dessen Gewicht es möglichst genau zu schätzen gilt.

Überprüft daheim, ob ihr euch im Umgang mit dem Kompass auskennt. Auch die vier Himmelsrichtungen sollten bekannt sein. Nur für alle Fälle.

Sie, liebe Mama, begleiten Ihren Sohn bei der Schnitzeljagd durch den Wald, obwohl Sie den Lösungsweg natürlich kennen. Falls er einmal nicht weiter weiß, können Sie ihm einen kleinen Tipp geben.

Nach so viel Bewegung an der frischen Luft schmeckt ein Eis oder eine Pizza bestimmt besonders gut. Natürlich lässt sich die Jagd auch mit mehreren Kindern spielen, z. B. als aufregendes Geburtstags-Abenteuer!

## Spiegellauf

***Das braucht ihr:** Handspiegel mit Griff*

Zielsicher einen Punkt zu treffen, den man nur im Spiegel sieht, ist richtig schwierig. Rückwärts einen Weg zu laufen, ist ebenfalls nicht einfach. Soll es doppelt schwierig sein, ist der Spiegellauf das Richtige für euch!

Ein Wald- oder Feldweg eignet sich als Parcours genauso wie eine kleine Wirtschaftsstraße ohne Straßenverkehr oder eine lange Hofeinfahrt. Nicht das Überwinden von Hindernissen ist wesentlich, sondern das Schärfen eurer Sinne und besonders das Training eurer Orientierung.

Besorgt euch einen Spiegel mit einem Griff, der gut in der Hand liegt. Damit ihr auch genügend erkennen könnt, sollte die Spiegelfläche nicht zu klein sein. Stellt euch rückwärts zur Strecke hin und versucht, im Spiegel euren Weg zu finden. Es ist anfangs schwierig zu entscheiden, was sich rechts und links befindet, denn alles erscheint spiegelverkehrt. Auch Entfernungen lassen sich nicht mehr so sicher einschätzen, weil der Spiegel kein gewohnt räumliches Bild zeigt.

Einer von euch sollte den Parcours vorwärts gehen und sich immer neben dem Spiegelläufer befinden, damit er ihn notfalls schnell festhalten kann, falls der stolpert oder vom Weg abkommt. Der erste Schritt ist bestimmt noch zögerlich. Je länger ihr aber geht, desto größer wird eure Sicherheit, da ihr euch bestimmt schnell an die neue Situation gewöhnt.

Vielleicht probiert ihr jetzt sogar, ein Hindernis zu überwinden, wie z. B. einen umgekippten Baumstamm. Vertraut dabei eurem Partner, der aufpasst, dass ihr nicht stürzt und euch verletzt. Anschließend tauscht ihr die Rollen und lauft den Weg zurück.

## Barfussparcours im Wald

***Das braucht ihr:*** *nackte Füße*

Eure Füße tragen euch ein Leben lang durch die Welt! Meistens sind sie dabei eingepackt in Strümpfe und Schuhe. Gönnt ihnen an einem warmen Tag einmal eine tolle Abwechslung und Freiheit im Wald!

Gehen Sie, liebe Mama, vorher die Strecke einmal ab. Achten Sie dabei auf Glasscherben oder andere spitze Gegenstände, an denen man sich verletzen könnte.

Tragt bequeme Schuhe, in die ihr schnell hinein- und aus denen ihr rasch herausschlüpfen könnt. Strümpfe lasst ihr ganz weg, dann können eure Füße „atmen“ und sind absolut entspannt.

Am Startpunkt zieht ihr die Schuhe aus und wackelt einmal tüchtig mit den Zehen. Wisst ihr, wie schön kühl und kitzelig sich weiches Moos anfühlt? Es gibt bei jedem Schritt wie ein Polster nach und ihr sinkt tief ein. Ihr spürt nicht den festen Widerstand eines normalen Bodens, sondern nur sanftes Abrollen, fast wie auf Wölkchen.

Ganz anders läuft es sich barfuß über Waldboden. Da pieken Tannennadeln, Wurzeln und kleine Steine in die Sohlen und ihr müsst den Fuß schon vorsichtiger aufsetzen. Balanciert mit nackten Füßen über einen dicken Baumstamm und tastet euch über dessen raue Borke. Euer Fuß sucht sich ohne den gewohnten Schuh seinen Weg ganz anders über den Stamm.

Am meisten Spaß macht es, wenn ihr durch einen kleinen Bach watet oder euch über Steine und Baumstämme einen Weg zum Überqueren sucht. Ihr werdet überrascht sein, wie beweglich eure Füße plötzlich sind!

An diesem Abend verwöhnt ihr euch dann gegenseitig zur Entspannung mit einer wohligen Fußmassage! Wetten, ihr seid in den Tagen danach viel besser zu Fuß?

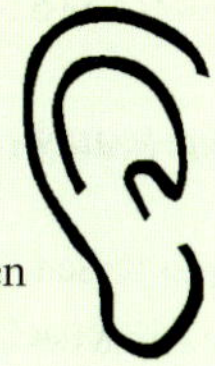

Der Hirsch steht auf einer Lichtung mitten im Wald. Der Indianer hat ihn längst entdeckt und versucht, sich an das Tier heranzupirschen. Mit seinen Mokassins schleicht er sich lautlos und vorsichtig Schritt für Schritt auf dem Waldboden an. Er nähert sich seiner Beute unaufhaltsam, bis …

Spannend, nicht wahr? Im Film sieht das immer ganz einfach aus! Aber habt ihr schon einmal selbst probiert, euch geräuschlos im Wald zu bewegen?

Startet zusammen mit einem Freund einen Versuch. Euer Freund – oder eure Mama – soll sich im Wald auf eine Bank setzen, und ihr schleicht euch an, ohne dass er oder sie es bemerkt. In einer Entfernung von etwa 250 Metern beginnt ihr mit dem Anpirschen. Klar, dass ihr nicht laut lachen oder reden dürft! Wenn ihr das Spiel mit mehreren „Indianern" macht, sind nur mucksmäuschenstille Handzeichen erlaubt! Schafft ihr es so, den Freund oder die Mama zu umzingeln?

Versucht, so aufzutreten, dass kein Ästchen knackt und kein Laub raschelt. Das ist gar nicht einfach, denn der Waldboden ist voll davon. Konzentriert euch auf jeden eurer Schritte. Habt ihr das Gefühl, dass eure „Beute" nach euch Ausschau hält, schmiegt ihr euch hinter einen Baum und werdet für sie unsichtbar. Keine hastigen Bewegungen, nur keine unnötigen Geräusche!

Spitzt während eurer Pirsch einmal die Ohren. Ihr werdet feststellen, dass es im Wald gar nicht so still ist. Hört den Rufen der Tiere und dem Rauschen des Windes zu. Vielleicht habt ihr Glück und seht ein Reh, das friedlich äst, und ihr könnt es unbemerkt beobachten, bis es weiterzieht.

Schon für dieses Erlebnis hätte sich das Experiment gelohnt, oder? Noch toller ist es, wenn es euch gelingt, unentdeckt die Bank zu erreichen. Dann könnt ihr eurer Mama oder eurem Freund von hinten auf die Schulter tippen. Oder ihr erschreckt sie mit wildem Indianergeheul!

## Fantastisches Wolkenspiel

***Das braucht ihr:** einen bequemen Liegeplatz, blauen Himmel mit weißen Wolken und jede Menge Zeit*

Sicher genießen auch Sie die besonders innigen Momente mit Ihrem Kind, wenn Sie in seinem Beisein die Rolle als Mutter und Erzieherin für einen Moment vergessen können. Gemeinsam auf einer Augenhöhe den Ernst des Lebens zu vergessen und den Alltag auszusperren, ist für Mama und Sohn einfach erholsam!

Ein schöner Zeitvertreib, den Sie bestimmt aus Ihrer Kindheit kennen, ist das Wolkenspiel. Das Herrliche daran ist, dass es ohne den geringsten Aufwand überall gespielt werden kann! Ob am Strand, im Garten auf dem Rasen, beim Spazierengehen auf einer Wiese – überall gibt es einen weichen Platz, auf dem ihr euch bequem auf den Rücken legen könnt. Über euch sind jetzt nur noch die Wolken.

Vielleicht beobachtet ihr zuerst nur, wie der Wind sie vor sich herschiebt, wie sie sich zusammenballen, um sich an anderer Stelle wieder zu trennen. Bald aber erkennt ihr einzelne Formen, Gestalten oder Gesichter. Ist das nicht eine Maus? Oder da drüben ein Zwerg? War das nicht gerade eine Laterne, die sich jetzt in einen Fahnenmast verwandelt? Sucht am Himmel die Wolkenform, die euch der andere beschreibt. Vielleicht seht ihr dieselbe Wolke ja ganz unterschiedlich? Oder ihr spielt „Ich-sehe-was-das-du-nicht-siehst“ und lasst den anderen den Gegenstand suchen, den ihr entdeckt habt. Überlasst euch ganz euch und eurer Fantasie!

Genießt den Moment, denn Wolkenbilder halten meist nur kurz.

## Grosse Fragestunde

***Das braucht ihr:*** *ein bequemes Plätzchen und viel Zeit …*

„Mama, wie war das damals?“ Ab einem bestimmten Alter wollen alle Kinder wissen, wo ihre Wurzeln sind, wie sie als Babys waren usw. Sie suchen mit diesen Fragen ihre eigene Identität. Natürlich sind sie auch neugierig zu erfahren, was die Eltern als kleine Kinder alles erlebt und angestellt haben. Diese meist ruhigen und nachdenklichen Momente bieten eine fabelhafte Möglichkeit für Sie, Ihrem Kind wirklich nahe zu sein!

Manchmal stellt der Filius immer wieder dieselben Fragen, obwohl er die Antworten längst kennt. Wie wäre es deshalb, aus der Fragestunde ein kleines Spiel zu machen, damit der Reiz auch in Zukunft erhalten bleibt?

Sucht euch einen gemütlichen Platz, an dem ihr euch wohlfühlt und ungestört seid. Dieses Mal dürfen Sie mit Ihren Antworten auf die Fragen, die das Kind stellt, flunkern. So geben Sie z. B. als Ihren Geburtsort nicht Berlin, sondern Afrika an. Bestimmt merkt Ihr Sohn schon jetzt, dass heute andere Regeln gelten als sonst und wird stolz die richtige Antwort präsentieren. Fordern Sie ihn auf, Ihnen regelrecht Löcher in den Bauch zu fragen und sagen Sie ihm, dass er vor weiteren Schummeleien auf der Hut sein sollte. Mit viel Spaß und größter Aufmerksamkeit wird er jeder Ihrer Aussagen lauschen, um einen möglichen Fehler in Ihrer Erzählung zu bemerken. Dass Ihr Lieblingshaustier nicht ein Pinguin, sondern ein Goldhamster war, fällt ihm sicher schnell auf. Und dass Oma und Opa nicht Tom und Jerry heißen, wird er bestimmt auch sofort merken!

Jetzt dreht das Spiel einmal um! Wissen Sie noch, ob das erste Kuscheltier Ihres Sohnes wirklich King Kong hieß?

## Blindenschrift aus Plusterfarbe

***Das braucht ihr:*** *Plusterfarbe aus dem Bastelladen, Pappe mit glatter Oberfläche in DIN A3*

Könnt ihr euch noch daran erinnern, wie sehr ihr beim Blinde-Kuh-Spielen auf die Hilfe eurer Hände angewiesen wart?

Kleine Kinder lernen die Welt kennen und verstehen, indem sie sie buchstäblich be„greifen". So nehmen sie über die kleinen Finger Informationen über die Form von Gegenständen auf und verarbeiten sie, lange bevor diese Aufgabe von den Kinderaugen übernommen wird.

Bei einem Menschen, der gut sehen kann, verkümmert der Tastsinn im Laufe der Zeit. Da ihr die heutige Welt überwiegend über Bilder und Töne wahrnehmt, sind Augen und Ohren ganz wichtig für euch. Aber auch das Tasten sollte ruhig weiter geübt werden. Das Schreiben von Blindenschrift mit der Plusterfarbe ist eine tolle Möglichkeit, euren Tastsinn wieder etwas zu trainieren.

Nachdem der Franzose Louis Braille 1825 die nach ihm benannte Blindenschrift entwickelt hatte, konnten auch Blinde und stark sehbehinderte Menschen Bücher und Dokumente endlich selbst lesen. Die Schrift besteht aus einem Punktmuster, das von hinten in das Papier gepresst wird. Dieses Muster tritt auf der anderen Seite als spürbare Erhöhung hervor und kann mit den Fingerspitzen ertastet werden. Dabei ist, ähnlich wie bei dem Morsealphabet, jedem Buchstaben und jeder Zahl ein bestimmter Code aus Punkten zugewiesen.

Am einfachsten lässt sich die Brailleschrift mit Plusterfarbe „schreiben". Mit dieser Farbe kann man eine dickere Oberfläche beim Malen erreichen. Als

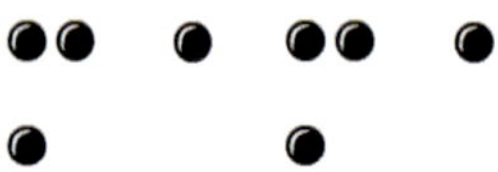

Untergrund nehmt ihr einen glatten Karton, damit sich eure Finger beim Ertasten der Schrift ganz auf das Punktmuster konzentrieren können und nicht schon durch die Struktur der Schreiboberfläche abgelenkt werden.

Nehmt die untere Tabelle zu Hilfe und probiert einmal, euren Namen in Brailleschrift zu schreiben. Lasst zwischen den einzelnen Buchstaben ein bisschen Platz, damit es für den Anfang nicht zu schwierig wird. Schließt oder verbindet euch anschließend die Augen und versucht eure Namen mit den Fingerspitzen zu lesen. Mit ein wenig Übung gelingt es euch bestimmt!

**Braille-Alphabet**

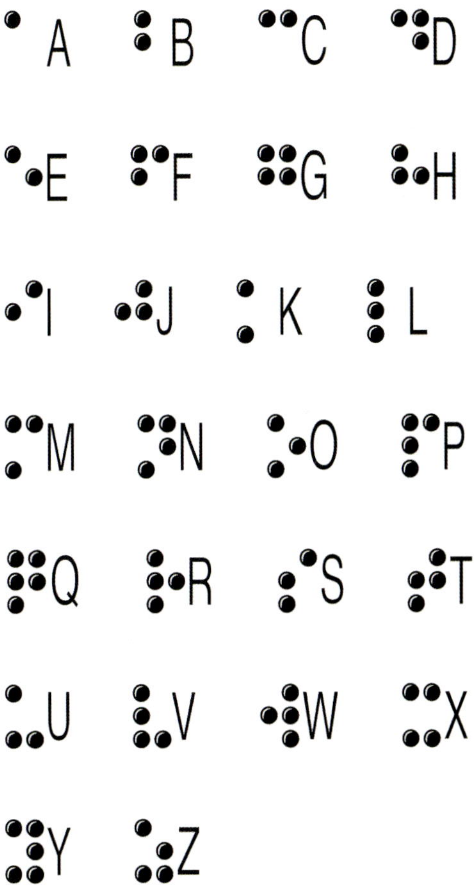

## Abenteuerfantasiereisen

***Das braucht ihr:** einen gemütlichen Platz, viel Ruhe und Zeit*

Für die meisten Menschen ist der Tag mit einem strengen Zeitablauf geregelt. Der Wecker klingelt viel zu früh und reißt euch aus süßen Träumen. Frühstück, Schule oder Arbeit, Hausaufgaben und Hausarbeit, Sport und Hobby. All dies will erledigt sein und hält uns manchmal ganz schön auf Trab. Da bleibt kaum Zeit zum Träumen. Dabei könnt ihr gerade daraus Kraft für den Alltag schöpfen. Tagträume und Fantasiereisen fördern außerdem die Kreativität.

Fernsehen, Handy und Computer bieten euch aufregende Unterhaltung? Schaltet die Geräte einmal alle aus und lasst stattdessen eure Fantasie bestimmen. Ihr werdet staunen, wie aufregend und unterhaltsam das sein kann!

Zieht bequeme Kleidung an und kuschelt euch mit Decke und Kissen auf euren Lieblingsplatz. Der kann auf dem Sofa, im Bett oder in einem besonders gemütlichen Eckchen auf dem Balkon oder im Garten sein. Ob die Sonne scheint oder nur eine eingeschaltete Lampe für dämmriges Licht sorgt, ist egal. Wichtig ist nur, dass ihr Zeit und Ruhe für euer Abenteuer habt.

Überlegt euch, wohin euch heute die Reise führen soll. Stellt euch z.B. vor, ihr wohnt im Wilden Westen. Wie seid ihr dahin gekommen? Konntet ihr euch vor dem Angriff gefährlicher Indianer retten oder wurdet ihr von wild gewordenen Büffeln angegriffen? Was konntet ihr alles mitnehmen? Beschreibt euch gegenseitig,

wie ihr euch die weite Prärie vorstellt. Ist sie groß oder klein? Vielleicht gibt es eine große Oase, von der unheimliche Geräusche unbekannter und gefährlich klingender Tiere zu euch hallen. Oder findet ihr nur Sand und ein paar Palmen vor? Wie könnt ihr überleben? Ihr müsst schließlich essen und trinken. Und ein Dach über dem Kopf wäre auch schön. Was baut ihr euch dafür? Welche Abenteuer müsst ihr bestehen und wie gelingt es euch, wieder nach Hause zu kommen?

Besucht gemeinsam eure Traumwelt, für die es keine Regeln gibt. Alles kann möglich werden, wenn ihr das wollt. Wichtig ist, dass ihr beide Spaß an dieser Reise habt. Jeder erzählt einen Teil der Geschichte und ergänzt mit seiner eigenen Vorstellung die Beschreibungen und Schilderungen des anderen.

Reiseziele gibt es viele! Vielleicht habt ihr durch Zufall eine Zeitmaschine geerbt, die ein verrückter Onkel als Wissenschaftler in Amerika erfunden hat. Jetzt könnt ihr zu den Römern reisen und Cäsar besuchen. Oder ihr helft in Ägypten beim Bau der Pyramiden. Möchtet ihr sehen, wie echte Eskimos leben oder lieber die erste Raumsiedlung auf dem Mars errichten?

Stellt euch vor, dass ihr eines Tages einen kleinen Roboter findet, der sich verlaufen hat und nicht mehr weiß, wo er wohnt. Leider hat er sein Raumschiff bei der Landung zerstört und kann es ohne eure Hilfe nicht mehr reparieren. Fliegt ihr anschließend mit zu seinem Planeten?

Überlasst euch ganz allein eurer Fantasie und dem Spaß, den diese Ausflüge euch sicher bringen werden. Wer weiß, vielleicht träumt ihr euer schönstes Abenteuer im Schlaf weiter …

## Zelten im Wohnzimmer

**Das braucht ihr:** *6 Stühle, mehrere Bettlaken, Wäscheklammern, Matratze, Kissen, Decke, Kuscheltiere, Proviant, Taschenlampe*

Arm in Arm nebeneinanderliegen, leise miteinander reden und spüren, wie man langsam wohlig müde wird. So etwas gehört zu den schönsten Momenten zwischen Mutter und Kind! Und wenn man dabei auch noch ein tolles Zeltabenteuer erlebt, bleiben keine Wünsche offen.

Sucht euch für eure Matratze einen Platz im Zimmer, der groß genug ist. Stellt je drei Stühle an deren Längsseiten, sodass sich immer zwei Stühle gegenüberstehen. Mit Schwung breitet ihr nun die Bettlaken als Zeltplanen über den Stuhllehnen aus. Dabei sollten sich die Tücher überlappen und Matratze und Stühle komplett verhüllen.

Heftet mit Wäscheklammern die Laken aneinander. So verhindert ihr, dass die Zeltplanen verrutschen. Auch der Zelteingang lässt sich mit den Klammern gut verschließen, denn es soll ja niemand in eure Höhle kommen!

Schleppt alles auf die Matratze, was ihr braucht, um euch pudelwohl zu fühlen: Kissen, Decke, Kuscheltier und ein kleiner Vorrat an Proviant gehören dazu, auch die Taschenlampe darf nicht vergessen werden!

Jetzt krabbelt ihr in euer Zelt, verschließt den Eingang und macht es euch richtig gemütlich! Wenn es draußen dunkel ist, spendet nur eure Taschenlampe ein schummriges Licht und zaubert eine geheimnisvolle Stimmung, in der es sich gut erzählen lässt, bis ihr selbst dazu zu müde seid.

Gute Nacht und schlaft schön!

# MAMA ALS SPORTLERIN

## Fahrradtour

***Das braucht ihr:*** *Fahrrad, Karte, Picknickkorb*

Wenn die Sonne scheint und es in der grünen Natur voller Lebenslust zwitschert, hält euch nichts mehr im Haus? Kombiniert Sport und Spaß bei einer Fahrradtour durch die Umgebung!

Lockt euch ein See zum Baden und Ruderbootfahren, ein Minigolfplatz oder eine Waldlichtung mit Bächlein oder ein toller Abenteuerspielplatz mit Picknickwiese? Egal, es kommt nur darauf an, dass ihr das Ziel gut erreichen könnt. Die Kondition des schwächsten Fahrers entscheidet über die Entfernung und auch über die Anzahl der Pausen!

Besorgt euch eine Karte für Fahrradtouren in eurer Umgebung. Auf diesen speziellen Karten werdet ihr von den verkehrsreichen Straßen weggeführt und gelangt überwiegend über kleine Wege in Feld und Wald sowie auf Fahrradwegen zu eurem Ziel. Wer von euch kann diese Karte „lesen“ und sich an ihr in der Natur orientieren? Eine gute Gelegenheit zum Üben!

Ein verkehrstüchtiges Fahrrad und das Tragen eines Helms sind selbstverständlich! Zieht euch bequem an und vergesst auch eine Jacke nicht, falls es doch regnen sollte. Habt ihr die Fahrradflasche aufgefüllt, das Flickzeug eingepackt? Gut, dann geht es los!

Radelt in einem gemütlichen Tempo, damit die Kraft bis zum Ziel und wieder nach Hause reicht. Der jüngste Fahrer sollte nie das Schlusslicht der Truppe bilden, sondern wird in die Mitte genommen.

Wenn ihr angekommen seid, zaubert ihr aus den Fahrradtaschen ein kleines Picknick und erholt euch beim Baden oder Spielen!

## Zimmerolympiade

***Das braucht ihr:** mehrere Stühle, Treppe, Kissen, weichen Teppich*

Es gibt Tage, da kann man einfach nicht rausgehen. Immer nur zu malen, wird aber irgendwann langweilig. Wohin also mit der Energie? Bewegung und Spaß sind auch im Haus möglich, ohne dass nachher die Abrissbirne kommen muss. Veranstaltet doch eine Zimmerolympiade!

Zieht euch Jogginghose, T-Shirt und ein paar rutschfeste Socken an. Wer will, turnt barfuß. Stellt noch etwas zu trinken bereit, dann startet ihr durch!

Zuerst macht ihr euch mit ein paar Lockerungs- und Dehnübungen warm, damit sich niemand etwas zerrt. Auf einem weichen Teppich startet die erste Disziplin: das Bodenturnen. Ein Purzelbaum vorwärts und dann einer rückwärts am Anfang. Wer turnt eine perfekte Kerze oder eine formvollendete Brücke?

An einer normalen Treppe überprüft ihr anschließend eure Kondition. Wie viele Stufen schafft ihr, ohne eine Pause machen zu müssen? Wer läuft die Treppe am schnellsten hoch? Achtung: Lauft nur so schnell, dass ihr nicht stürzt!

Seid ihr richtig aus der Puste, könnt ihr bei einem Handstand an der Wand wieder zur Ruhe kommen. Ein wenig Hilfestellung ist dabei erlaubt. Ein Kopfstand auf einem Kissen klappt bestimmt allein, oder?

Mit euren Esszimmerstühlen baut ihr zum Schluss noch einen Slalomparcours auf. Wenn die Stühle im richtigen Abstand stehen, durchlauft ihr den Weg so schnell, wie ihr könnt. Schafft ihr es auch, im Zickzack durch die Stuhlbeine zu krabbeln oder den Parcours hüpfend zu bewältigen?

Vielleicht erhält der Sieger am Ende eine selbst gebastelte Medaille (siehe Seite 34). Auf jeden Fall gibt es für alle eine tolle Siegesfeier!

## Pusteball

**Das braucht ihr:** *2 gleich große Schachteln (z. B. Verpackungen von Reis oder Kartoffelpüree), etwas Klebeband, Tisch, Tischtennisball, Eieruhr*

Habt ihr Lust auf ein Fußballspiel der besonderen Art? Obwohl ihr hier nicht rennen müsst, könnt ihr ganz schön aus der Puste kommen.

Bestimmt sind eure Schachteln schon oben aufgerissen. Falls noch Pappreste da sind, schneidet ihr sie einfach ab, schon sind eure Tore fertig! Befestigt diese jetzt vorsichtig mit dem Klebeband auf dem Tisch, und zwar jeweils an einer Kante, sodass sie sich genau gegenüberstehen. Vorsicht, wählt ein Klebeband aus, das sich auch wieder vollständig entfernen lässt! Sicherheitshalber könnt ihr die Tore auch auf kleine Holzplatten kleben, die auf dem Tisch dann von allein halten. Ob ihr das Spiel zu zweit spielt oder ob mehrere Personen eine Mannschaft bilden, ist egal.

Werft eine Münze, um zu entscheiden, welches Team welches Tor bekommt. Legt den Tischtennisball in die Tischmitte und stellt die Eieruhr auf die Spieldauer ein, auf die ihr euch geeinigt habt. Das können zwei oder drei Minuten pro Halbzeit sein.

Jetzt heißt es: Achtung, Anpfiff! Beide Mannschaften versuchen, den Ball in das gegnerische Tor zu pusten. Da ist nicht nur Kondition, sondern auch Teamgeist gefordert! Fällt der Ball vom Tisch, wird er an der Stelle wieder eingesetzt, an der er den Tisch verlassen hat. Wie beim richtigen Fußball gilt: Wer die meisten Tore schießt – Verzeihung: pustet –, ist der Sieger! Soll das Spiel nicht ganz so schnell werden, kann man als Ball auch einen Wattebausch nehmen.

In jedem Fall brauchen die Mannschaften nach dem Spiel bestimmt eine ordentliche Stärkung für ihre trockenen Kehlen!

## Wasserbombenschlacht

***Das braucht ihr:** ca. 20 Wasserbomben-Luftballons pro Person, hohe Temperaturen und Badekleidung*

Es ist Sommer! Die Sonne brennt, jeder sehnt sich nach einer erfrischenden Abkühlung. Was bietet sich bei heißen Temperaturen an, wenn ein Besuch im Freibad nicht möglich und der Kühlschrank zu klein ist, um hineinzukrabbeln? Eine Wasserbombenschlacht ist da eine tolle Idee!

Teilt alle, die mitmachen möchten, auf zwei oder mehrere Teams auf. Jede Gruppe erhält die gleiche Anzahl Ballons, die mit Wasser gefüllt und fest verknotet am Spielfeldrand gelagert werden. Auf Kommando geht die Schlacht los! Gegenseitig jagen und bewerfen sich die Mannschaften. Der Spieler, der von einer Wasserbombe getroffen wird, muss ausscheiden. Sind alle Ballons geworfen, hat die Mannschaft gewonnen, die noch die meisten Spieler besitzt.

Bei einer anderen Variante des Spiels stellen sich alle Teilnehmer im Kreis auf. Ein Kind wirft einem beliebigen Mitspieler eine Wasserbombe zu, der sie fangen soll. Der Fänger muss aufpassen, dass die Wasserbombe nicht platzt. Gelingt ihm das nicht, scheidet der nasse Pechvogel aus. Es geht mit einem neuen Ballon weiter. Wenn zwei oder drei Wasserbomben gleichzeitig unterwegs sind, wird das Spiel schwieriger, aber lustiger!

Nachdem die ganze „Munition“ aufgebraucht ist und alle klitschnass sind, ist es natürlich Ehrensache, dass alle Teilnehmer die Überbleibsel der Wasserbomben gemeinsam aufräumen!

## Rollerskate-Nacht

***Das braucht ihr:** Rollerskates, Schutzausrüstung, Reflektoren, Getränke*

Rollerskaten macht Spaß! Und ein gemeinsamer Nachtausflug ist ein besonderes Erlebnis. Wie wäre es, beides zu verbinden?

Damit der Ausflug gelingt, solltet ihr euch vorher einige Gedanken machen. Plant für eure Tour etwa zwei Stunden Fahrzeit mit kleinen Erholungspausen ein. Abends sind eure Energien erschöpft, ihr seid nicht mehr so wachsam. Dadurch ist die Gefahr eines Unfalls und einer Verletzung größer. Vielleicht legt ihr euch vor dem Start ein halbes Stündchen hin. Wählt auf jeden Fall ruhige und beleuchtete Straßen mit gutem Belag, die überwiegend über Bürgersteige verfügen. Stark abschüssige Strecken und Kopfsteinpflaster solltet ihr dagegen meiden.

Selbstverständlich tragt ihr eine komplette Schutzkleidung mit Protektoren und Helm, damit euch nichts Schlimmes passieren kann, wenn ihr doch mal fallt. Da ihr ja in der Dunkelheit fahren wollt, sollte eure Ausrüstung zusätzlich Reflektoren haben. Nur so können euch andere Verkehrsteilnehmer schon von Weitem sehen.

Nach einigen Aufwärmübungen geht es los. Fahrt schön ruhig und dicht beisammen. Für eine wilde Verfolgungsjagd ist tagsüber die bessere Zeit. Vielleicht ist der große und leere Parkplatz eines bereits geschlossenen Supermarktes der Zielort eurer Fahrt. Dort stärkt ihr euch zuerst mit einem kleinen Snack, z. B. einem Schokoriegel, und erfrischt euch mit eurem Getränk. Danach könnt ihr den Platz nutzen, um z. B. Rückwärts- oder Slalomfahren zu üben, bevor ihr müde, aber zufrieden wieder nach Hause rollt.

## Korbwerfen

***Das braucht ihr:*** *Basketballkorb, Papierkorb, Eimer, Basket-, Tennis- und Schaumstoffball*

Sicher habt ihr schon oft probiert, einen Ball in einen Basketballkorb zu werfen, und wisst, dass das gar nicht so einfach ist. Vielleicht seid ihr aber auch echte Spezialisten in diesem Bereich. Ob Anfänger oder Profi, mit dieser Anregung habt ihr bestimmt jede Menge Spaß. Ihr könnt auch einen sportlichen Wettbewerb daraus machen.

Basketballkörbe gibt es auf jedem Sportplatz, aber vielleicht habt ihr auch einen eigenen Korb zu Hause hängen. Fangt ganz einfach an, indem ihr den Ball aus geringer Entfernung in den Korb werft. Nach jedem Wurf geht ihr einen großen Schritt rückwärts und versucht es von dort. Wiederholt das Ganze mit dem Rücken zum Korb! Noch schwieriger wird es, wenn ihr rückwärts stehend den Ball durch die Beine werft.

Natürlich kann man auch einen Tennisball in einen Papierkorb oder in einen Eimer werfen. Wiederholt dazu die Varianten vom Basketballwerfen. Versucht einmal, den Korb „blind“ zu treffen, indem ihr die Augen beim Werfen schließt.

Jetzt nehmt einen leichten Schaumstoffball und werft auch den in den Papierkorb. Durch sein geringes Gewicht hat er ein ganz anderes Flugverhalten. Ihr müsst euch bei eurem Wurf neu darauf einstellen.

Und so wird ein Wettkampf daraus: Nach jedem Wurf wechselt ihr euch ab. Jeder hat drei Versuche. Für jeden gelungenen Treffer gibt es einen Punkt!

Wer von euch wird der neue Dirk Nowitzki?

# Cooler Wintertriathlon

***Das braucht ihr:** Schneeanzüge, Handschuhe, alte Tennis- oder Softballschläger, alte Gürtel oder Schnur, mehrere Schlitten, warmen Punsch und Kekse*

Es schneit wie wild, und Ihr Kind hat genug von Bastel-, Zimt- und Bratapfelidylle. Kurz und gut: Der Sohnemann hält es in den eigenen vier Wänden einfach nicht mehr aus, sondern will raus in die weiße Pracht! Mit einem banalen Winterspaziergang ist er nicht mehr zu locken? Dann bieten Sie ihm mal ein witziges Sportereignis:

**Erste Disziplin:** Schneekugelrollen
Hier kann man zwischen zwei Varianten wählen:

1. Wer rollt in der kürzesten Zeit die dickste Kugel? Das ist anstrengender, als es sich anhört, denn die Kugel gewinnt nicht nur an Umfang, sondern auch an Gewicht. Eine ganz schöne Herausforderung!
2. Rollt eure Schneebälle über eine abgesteckte Distanz. Steckt im Gelände dafür mit Stöcken und Steinen einen Parcours ab oder nutzt Bäume oder Gegenstände als natürliche Hindernisse und Wendepunkte. Wer ist der Schnellste?

**Zweite Disziplin:** Schneeschuhlauf
Besorgt euch zwei alte Tennisschläger aus Holz (z.B. preiswert auf dem Flohmarkt). Schnallt sie euch mit alten Gürteln oder Paketschnur unter die Schuhe. Stapft damit über den Parcours, den ihr für das Schneekugelrollen verwendet habt.

**Dritte Disziplin:** Schlittenrutschen
Legt euch bäuchlings auf den Schlitten und schiebt euch mit Armen und Beinen vorwärts. Ihr könnt nacheinander oder auch gegeneinander antreten. Den Weg kennt ihr ja inzwischen.

Anschließend stoßt ihr mit dem müden, aber glücklichen Sieger mit einem heißen Früchtepunsch an. Dazu lasst ihr euch die Kekse schmecken!

# Das braucht ihr

Acrylfarben
Akkuschrauber
Alufolie

Backpapier
Bastelfilz
Bilderhaken
Bindfaden
Bleistift

Blumendraht
Bohrmaschine
Bretter
Buntstifte

Computer
Cutter

Dosen
Drachenschnur
Drucker
Dübel

Faden
Farben
Filzstifte
Fotoapparat
Fotopapier

Garn
Gartenschere
Geschenkband
Gießkanne
Gipsbinden
Glasflaschen

Glitzer
Gummibänder
Gummistiefel

Hammer
Handbohrer

Holzkugeln
Holzlack
Holzleim
Holzschrauben

Isomatte

Joghurtbecher

Kaffeefilter
Kanthölzer
Klarlack
Klebefilm
Klebstoff
Kleister

Klopapier
Knete
Kochlöffel
Kochtopf

Kompass
Kordel
Korken
Kreide

Landkarte
Laubsäge
Lebensmittelfarben

Leisten
Lineal
Löschpapier
Luftballons
Luftpumpe
Lupe

Maßband
Messer

Metermaß
Muttern
Mütze

Nägel
Nähnadel
Notizbuch

Paketschnur
Papier
Pappe
Pergamentpapier
Perlen
Permanent-Marker

Pinsel
Plane
Plastikdose
Plastikflasche
Plastiktüten
Pralinenschachteln
Prospekthüllen
Putzlappen

Regenhose
Regenjacke

Reis
Rinde
Rucksack

Säge
Schal
Schaschlik-Spieße

Schaufel
Schere
Schmirgelpapier
Schnur
Schnürsenkel
Schrauben
Schraubenschlüssel
Schraubhaken
Schwamm
Seife

Seile
Sperrholzplatten
Spritzbeutel
Spülmittelflaschen
Stadtplan

Steine
Stoffreste
Stoppuhr
Strickleiter
Strohhalme

Tacker
Tapetenkleister
Taschenlampe

Textilfarbe
Thermoskanne®
Transparentpapier

Vaseline
Verpackungsband

Wachstuch
Wäscheklammern

Wäscheleine
Wasserwaage
Winkelmesser
Wolle

Zahnstocher

Zapfen
Zeitschriften
Zeitungen
Zellophanpapier
Zwirn

## Bildnachweis

**fotolia.com:** Iva Villi 3, 5; Kudryashka 7, 59, 71, 83, 91,117; Hans-Jürgen Krahl 8, 62; LHF Graphics 13; Klara Viskova 12,13, 36, 37, 52, 53, 54, 55, 72, 73, 100, 101, 114, 115, 125; Nico Jende 16; ddraw 16, 17; boohoo 18, 19; Maria Bell 21; matamu 22; Alexey Bannykh 23, 85; nemanja 24, 25; MelisendeVector.com 26; Antalia 27; nikicad 28, 29; davidundderriese 30, 31; neilras 32, 108; Sean Gladwell 33; ekler 34, 35, 119; lemonlord 38; Bekas 39; notkoo2008 40, 41; Daria T. 49; Klaus Kaulitzki 57, 58; Xavier 62; PiXXart Photography 63; Lisa Fischer 65; Wichittra Srisunon 66, 68, 69, 99, 105, 125; Ignat Lednev 68, 69; hitToon.com 76, 77; Damla Ayzeren 76, 77; Charmaine Paulson 76, 77; nem4a 78, 79; Jermvut Kitchaichank 82; Roman Dekan 82, 86; Yael Weiss 85; ratselmeister 85; akarakingdoms 87; sveta 88, 89; pzAxe 92, 93; cristi180884 94, 95; lom123 99; carlacastagno 100; deVIce 103; 3ddd 106; realrock 107; Matthew Cole 109; piumadaquila.com 110; keo 111; Karin Hildebrand 112, 113; tuna 114; patrimonio designs 116; Rainer Claus 118; nem4a 119; Danu 121; katya252728 122; Maria.P. 122; SREEDHAR YEDLAPATI 123; polkan61 124

**istockphoto.com:** bortonia 67, McHenry 90, 125

**Doris Weigl:** 14, 15, 41, 42, 44, 45, 46, 48, 50, 56, 60, 61, 64, 67, 75, 80, 81, 84, 90, 91, 94, 95, 96, 97, 98, 102, 108, 120, 125